Julius Woldemar Zeibig

Die Rechtspflege und die Stenografie

Ein Beitrag zur Lösung der Frage Welchen Nutzen die Rechtspflege aus der

Verwendung der Stenographie ziehen kann

Julius Woldemar Zeibig

Die Rechtspflege und die Stenografie

Ein Beitrag zur Lösung der Frage Welchen Nutzen die Rechtspflege aus der Verwendung der Stenographie ziehen kann

ISBN/EAN: 9783743693678

Hergestellt in Europa, USA, Kanada, Australien, Japan

Cover: Foto ©Suzi / pixelio.de

Weitere Bücher finden Sie auf **www.hansebooks.com**

Die

Rechtspflege und die Stenografie.

Ein Beitrag zur Lösung der Frage:

Welchen Nutzen kann die Rechtspflege aus der
Verwendung der Stenografie ziehen?

Von

Dr. Julius Zeibig,

Mitglied des Königl. stenogr. Instituts I. Cl.

Dresden,

Verlag von Gustav Dietze.

1867.

Vorwort.

Die Frage der Nutzbarmachung der Stenografie für das Rechtsleben tritt immer mehr, auch bei uns, in den Vordergrund. Belege dafür geben die Kammerverhandlungen des letzten sächsischen Landtags und Aufsätze über diesen Gegenstand in verschiedenen Fachzeitschriften. Es wird daher nicht überflüssig sein, wenn diese Frage auch einmal von einem allgemeinen Standpunkte aus aufgefasst wird. Dies ist der Zweck der nachstehenden Veröffentlichung. Möge sie eine nachsichtige Beurtheilung seiten der Sachkenner und, wo sie Beherzigenswerthes bringt, Berücksichtigung finden.

Dresden, April 1867.

Dr. J. Z.

I.

Unter den mannichfachen nutzbaren Verwerthungen der Stenografie, jener Vereinfachung der Schrift, die schon seit den Tagen des Alterthums erstrebt worden ist, ist nicht der geringste Nutzen der, den diese Kunst der Rechtspflege bietet. Was ist daher natürlicher, als dass man schon im Alterthum, da, wo die Stenografie erstand und blühte, sie auch gar bald der Rechtspflege dienstbar machte. Dass in Rom bereits Gerichtsverhandlungen stenografirt, dass bereits die Fragen der Richter und die Antworten der Zeugen und Angeschuldigten von Geschwindschreibern — notarii, exceptores — aufgenommen, dass schnellschriftlich Protokolle abgefasst und Testamente niedergeschrieben wurden, steht fest[1]).

1) Τοῦτον μόνον ὧν Κάτων εἶπε διασώζεσθαί φασι τὸν λόγον, Κικέρωνος τοῦ ὑπάτου τοὺς διαφέροντας ὀξύτητι τῶν γραφέων σημεῖα προδιδάξαντος ἐν μικροῖς καὶ βραχέσι τύποις πολλῶν γραμμάτων ἔχοντα δύναμιν, εἶτ᾿ ἄλλον ἀλλαχόσε τοῦ βουλευτηρίου σποράδην ἐμβαλόντος. Plutarch Cato minor c. 23. Eos qui notis scribunt acta praesidum reipublicae causa non abesse certum est. L. 33 D. ex quib. caussis majores.
Ἀξιῶ δοθῆναι μοι τοὺς ταχέως γράφοντας, καὶ στῆναι κατὰ τὸ μῆσον οἱ καθ᾿ ἡμέραν μὲν τῆς Θέμιδος γλῶτταν ἀποσημαίνονται. Eunapii Sardiani vitae sophistar. et fragm. recensuit Boissonade. Amstelod. MDCCCXIII p. 83 sq.
Genesius Arelatensis, qui eam officii partem studio et arte amplexus dicitur, quae patronorum verba vel nova signorum velocitate vel dexterae sonum vocis aequaret, cum ante tribunal exceptoris fungeretur officio et injusto atque sacrilego mandato persecutionis jussu ederentur, qua devotus dei repudiaret auditus et imprimere ceris manus sancta respueret abjectis tabulis ante pedes judicis ministerium sacrilegum refugit. Acta Martyrum. — Acta etiam eorum, quae fiebant in ecclesia, notis excipiebantur. Valesius ad Socrat. hist. eccles. p. 71. S. 338.
Lucius Titius miles notario suo testamentum scribendum notis dictavit et antequam literis perscriberetur vita defunctus est. L. 40 D. 29.1. Ita etiam in judiciis codices tabularum excipiebantur id est compendiis notarum scribebantur, postea edebantur omnibus scilicet literis perscripti. Grupen, de forma confic. acta ap. Rom. 11. 16. 36. S. ausserdem Zeibig, Geschichte und Literatur der Geschwindschreibkunst S. 42 Note 2 u. S. 261. Et adsistebant hinc inde notarii, quid quaesitum esset quidve responsum, cursim ad Caesarem perferentes. Ammian. Marc. 14, 9. Pentadius notis excepit, quae interrogatus responderat Gallus. Ammian. Marc. 22. 3.
ὑπηρεσίαν ἐτέλει ἢ πρὸς τάχος ἐπετέτακτο γράφειν τὰ ὑπὸ τῶν ἀρ χόντων πραττόμενα, Damascius in Isidori vita.

Dass uns eine Anzahl Vorträge der Glossatoren über Rechtswissenschaft nur dadurch erhalten worden sind, dass einzelne Schüler die Worte ihrer Lehrer schnellschriftlich aufzeichneten, ist ebenfalls Thatsache[2]). Die Gerichtsschreiber bedienten sich einer Kurzschrift zur Erleichterung in ihren Amtsgeschäften[3]). Ja, die stenografische Niederschrift ward sogar als Beweisstück im strafrechtlichen Verfahren angesehen. So wurde, wie Bertin in seinem Lehrbuche der Stenografie berichtet, der Prediger Rosewell unter Karl II. zum Theil auf Grund einer stenografirten Stelle einer seiner Predigten des Hochverraths für schuldig befunden und zum Tode verurtheilt. Es wäre zu verwundern, wenn man in der Neuzeit, die sich gerade dadurch auszeichnet, dass in ihr alle Mittel der Verkehrserleichterung aufgesucht und angewendet werden, nicht auch daran gedacht hätte, aus der Stenografie für die Rechtspflege Nutzen zu ziehen. Dass in juristischen Kreisen diese Frage auch in Deutschland schon vor mehr als einem Jahrhunderte angeregt und verhandelt worden ist, darauf deutet wenigstens der Titel einer im Jahre 1717 zu Königsberg in Preussen veröffentlichten kleinen Abhandlung[4]) hin.

Vergegenwärtigen wir uns, welchen Zwecken die Stenografie im 18. und 19. Jahrhundert gedient hat, so stossen wir namentlich auf folgende Thatsachen. In England hat die Regierung im vergangenen Jahrhundert stets Stenografen zur Aufnahme von besonders wichtigen Rechtsfällen verwendet[5]) und die nachträgliche

2) Nicolaus Furiosus war ein eifriger Schüler des Johannes Bassianus und machte sich um diesen seinen Lehrer durch wörtliche Aufzeichnung und Verbreitung der Vorlesungen desselben verdient. Savigny, Geschichte des römischen Rechts im Mittelalter, IV. 250. 265., V. 663. S. auch Panziroli de claris legum interpr. lib. IV. p. 111. Is enim (N. Furiosus) quaecumque ab eo (Bassiano) docente proferebantur ea celeritate et diligentia excepit, ut omnes praeceptoris interpretationes ad verbum scripserit. „Bei Azo that dies“, sagt Savigny a. a. O. V 512, „Alexander de sancto Aegidio, der dies selbst in der Vorrede zu den gedruckten Vorlesungen des Azo über den Codex sagt“. S. übrigens Zeibig, Geschichte und Literatur der Geschwindschreibkunst S. 67 fgd.

3) Comme nous voyons és greffiers des cours souveraines, dont la soudaineté de la main accompagne nou seulement, ains deuance les plus legiers et deliures langues des advocats, et aussi les chaffourremens et minutes des notaires, procureurs et exploits des sergens. Blaise de Vigenere, Traicté des Chiffres. Paris 1587.

4) Rabe, F., de tachygraphia, ejusque usu in jure, disp. extraordinaria. Regiomont. Pruss. 1717.—8.

5) Speeches of the Managers and Counsel in the Trial of Warren Hastings. Edited by E. A. Bond. Publish. by Authority. London: Longman & Co.
„All these speeches (the four great opening speeches of Burke in Febr. 1788, and single adresses from Fox, Grey, Anstruther, Pelham and AaJm along with the four orations delivered by Sheridan in the month of June in the same year) are printed from the original notes taken ver-

Veröffentlichung solcher Actenstücke hat man zu ihrer Zeit freu-
dig begrüsst, weil sie wichtige Unterlagen für die Geschichte und
insbesondere für die Kenntniss der Rechtspflege jener Zeit sind[6]).
Oft auch haben Zuhörer aus reinem eigenem Antheile an der Angelegenheit und der betroffenen Person Gerichtsverhandlungen
wortgetreu aufgenommen[7]) und dadurch dem Geschichtsforscher
schätzbaren Stoff geliefert. Unter den berühmten Sachwaltern
Englands, die in den Tagen der beschränkten Praxis und der nie-
drigern Taxen im Anfange ihrer Laufbahn über Gerichtsverhandlungen Berichte für die öffentliche Presse lieferten und dadurch
zugleich mit Leichtigkeit Erfahrungen sammelten, die sie auf
anderem Wege nur mit grössern Opfern gewonnen haben würden, sind sicherlich gar manche der Kurzhand Kundige gewesen,
die die Vortheile, welche diese Kunst zu bieten vermag und die
einer ihrer Berufsgenossen öffentlich anerkannt hat[8]), selbst gezogen haben. Vor 2 Jahren haben wir in der Beilage „Warte"
zum Correspondenzblatt des Königl. stenografischen Instituts No. 2
Seite 5 mitgetheilt, dass die Wichtigkeit der durch die Stenografie
ermöglichten wortgetreuen Aufnahmen von Gerichtsverhandlungen
in England immer mehr anerkannt wird. Wir freuten uns damals
in der „Times" (vom 11. November 1863) zu lesen, dass auch im
Schatzkammergerichte, einem Gerichtshofe, der am längsten dieser
Neuerung widerstrebte, die Bedeutung der Stenografie immer mehr
und mehr nach Gebühr gewürdigt wird[9]), und in Dickens „All
the year round" (vom 26. December 1863), dass selbst in den
Kriegsgerichten ein Tisch für den amtlichen Geschwindschreiber
vorhanden ist; und noch kürzlich meldete eine englische stenogra-

---

batim. A Shorthand writer from the office of Mr. Gurney, was commis-
sioned at the trial to take the exact notes of the proceeding; a nearly
complete set of them is preserved at Lincoln's Jnn."
    6) The Athenaeum. No. 1643. April 23, 1859, p. 544: „The present
publication was undertaken by the authority of the late Government,
at the suggestion of the late Chancellor of the Exchequer, Sir Cornewall
Lewis. Its historic and political value is considerable and it deserves a
place in every political library". —
    7) Neuer Pitaval, 25. Theil; 3. Folge 1. Theil. Leipzig, 1858. S. 41.
    8) S. Warren, Duties of attornies and sollicitors. 2 ed. p. 72.
    9) In der, vor dem genannten Gerichtshofe wegen Beschlagnahme
des Schiffes Alexander geführten Verhandlung fragte der Oberrichter
ausdrücklich, ob ein Stenograf für die Krone sowohl, als für die Vertheidigung anwesend gewesen sei, worauf ihm versichert wurde, dass
der stenografische Bericht als die getreue Wiedergabe Dessen, was verhandelt worden sei, betrachtet werde. Schliesslich trug der Staatsanwalt
die in dieser Angelegenheit gepflogene Verhandlung aus den gedruckten
stenografischen Mittheilungen eines Herrn Snell vor und die meisten bei
der Sache betheiligten Sachwalter schienen mit einem solchen Berichte
versehen zu sein.

fische Zeitschrift[10]), dass durch eine Parlamentsacte es den Parteien an den höchsten Gerichtshöfen in Schottland nachgelassen ist, die „evidences" durch amtliche Stenografen aufnehmen zu lassen, in derselben Weise, wie es seit einigen Jahren bereits in Ehescheidungssachen geschieht. „Der Erfolg", heisst es dort, „von dem die Einführung dieses Systems in diesem Zweige des Gerichtsverfahrens begleitet gewesen ist, war ein solcher, dass darüber kein Zweifel obwalten kann, dass dieses Verfahren ein allgemeines werden und in den hauptstädtischen nicht nur, sondern auch in den Gaugerichtshöfen Eingang finden wird; denn was sich in Edinburgh bewährt hat, wird sich sicherlich auch in Glasgow, Dundee, Aberdeen, und wo immer zahlreiche wichtige Fälle zur Entscheidung kommen, bewähren. Für Richter, Advocaten, Bevollmächtigte, Zeugen, Geschworne und das Volk im Allgemeinen, ist die Leichtigkeit und Schnelligkeit, mit welcher dergleichen Fälle erledigt werden, wenn man die Verhandlungen durch Stenografen aufnehmen lässt, so in die Augen fallend, dass wir annehmen dürfen, dass dem Beispiele des Sessionsgerichtshofes binnen wenigen Jahren alle unsere Gerichtshöfe gefolgt sein werden." Das englische Parlament ist bekanntlich nicht blos die höchste gesetzgebende Behörde für England, es übt auch wesentliche verwaltende und richterliche Functionen aus.[11]) Als höchstes Gericht des Landes hat das Oberhaus sowohl Criminal- als Civiljurisdiction, erstere nicht blos als Cassations- sondern auch als unmittelbare Instanz. Das Oberhaus übt ausserdem mit dem Unterhause zusammen — high court of parliament — gewisse ausserordentliche gerichtliche Befugnisse aus. Im englischen Parlamente werden nun die Aussagen, evidences, ebenso wie die Comitteeberathungen stenografirt. „Man muss die stenografisch aufgenommenen Zeugenaussagen vor einem solchen Ausschusse sich selbst ansehen, um sich einen Begriff nicht blos über die Kunst des Ausfragens, sondern auch über die Fülle und den Werth der Aussagen zu machen."[12])

Dass die Wichtigkeit der stenografischen Aufnahmen von Prozessverhandlungen und der Veröffentlichung derselben immer mehr erkannt wird, zum weitern Belege dessen, verweisen wir auf Isaac Pitman's Betrachtungen über den Nutzen der Stenografie, die als Einleitung seinem Handbuche der Fonografie vorausgeschickt sind[13]).

---

10) J. Pitman's Phonetic Journal vom 24. November 1865.

11) Best's Grundzüge des englischen Beweisrechts, bearbeitet und herausgegeben von Dr. Marquardsen. Heidelberg, 1851, S. 465. — Die Verfassung und Geschäftsordnung des englischen Parlaments. Von Gottfried Cohen. Hamburg, 1861. S. 42 fg.

12) Cohen, a. a. O. S. 102.

13) A Manual of Phonography by J. Pitman. 11th. ed. London, 1862. S. 14.

Es heisst dort: „Wenn uns bei anziehenden Rechtsfällen die Gelegenheit geboten wird, die Aussagen zu prüfen und die ganze
Verhandlung kennen zu lernen, und zwar mit solcher Vollständig-
keit und Genauigkeit, als ob wir bei der Verhandlung selbst gegenwärtig gewesen wären, so verdanken wir diess der Stenografie".
Dass in England die Sachwalter der Stenografie Kundige bei Be-
setzung der Stellen in ihren Schreibstuben vorziehen, dafür legen
die Inserate in den öffentlichen Blättern hinreichend Zeugnis ab [14]).
Fragt man, wie man in Nordamerika die Bedeutung der Kurzschrift für das Rechtsleben auffasst, so antworten wir, dass diese
Kunst dort bei den Juristen und den Rechtsuchenden hoch in Ansehen steht, weil sie Zeit spart und die Kosten vermindert [15]). Auch
in den Vereinigten Staaten Nordamerikas nehmen Stenografen die

---

14) Phonetic Journal, 13. 1867.
Law Shorthand. — Wanted, in an office of extensive Conveyancing
and General practice in the North of England a Shorthand - Writer. One
accustomed to a Lawyer's office preferred. Must write rapidly from dic-
tation. Address, stating age, references and salary required, to A. B.
Mssrs. Ridsdale and Craddock, 5. Grays Inn, London W. C.
15) Phonographic Odds and Ends, or, the Phonographic Intelligen-
cer. By Andrew J. Graham, New-York 1857. 8. 181 fg. „The payment
of thirty-six jurors, added to the various expenses of our county and
other courts, is no small item for the county to pay. A circuit court
and a court of oyer and terminer have recently been held in this place
(Penn Yan, N. Y.), which were presided over by Hon. A. T. Knox, one
of our circuit judges, who is becoming very popular among all classes,
from the fact that he employs a reporter to take the testimony and report his charges to the jury, and thus expedites the business of the
courts, and saves a vast amount for the county. Heretofore the business has been delayed in order to give time for the judge and counsel
to take testimony in longhand, but Mr. Knox relies wholly upon his
reporter, who, if necessary, writes of in longhand, what the judge needs
to refer to. The saving of the pockets of the people of this county must
have been about $ 300, and the business of six to eight days done in four."
— „All good judges will be influenced by the example (of Mr. Knox);
and the desire to save themselves the great manual drudgery of making
notes in longhand of all the cases tried before them (especially when
they consider that such notes, after all, must lack very much of the
completeness of a phonographic report) will lead many to employ reporters. And why should not a judge save himself labor in this way? In
so doing he can give himself more fully to the duty of a judge (whose
mind, both for a due regard to his own reputation and for the important interests he has to adjudicate, ought to be free from the distraction
of note-taking), and at the same time make a considerable saving to
the people." — „Judge Fonda of this city (New-York), was the first,
so far as we are aware, to employ a phonographer to report all the
causes tried before him. Judge Russell employs one to report most of
his charges. But the practice of reporting law-cases obtains, in this
city, to a vastly greater extent than is indicated by these instances.
Almost every important case that is tried here is taken down by reporters employed by one or both of the parties. These reporters furnish the

Verhandlungen vor den Kriegsgerichten auf[16]). Die Nachfrage
nach Stenografen von seiten der Richter ist in den Vereinigten Staaten Nordamerikas oft grösser als die Zahl der Stenografiekundigen
und die Advocaten stellen in ihren Kanzleien vorzugsweise nur noch
Stenografen an.[17]) Was die Anwendung der Stenografie in den
Gerichtsverhandlungen in Frankreich betrifft, so wissen wir durch
unsern Freund, Advocat Delaunay in Paris, dass dort und nicht
selten auch in der Provinz bei Aufsehen erregenden Prozessen
Stenografen zur Aufnahme der Gerichtsverhandlungen verwendet
werden, während die Berichte der Fachzeitungen fast nie auf
stenografischen Niederschriften fussen. Es besteht allerdings unter
dem Namen „Tribune judiciaire" eine sehr unregelmässig erschei-
nende sogenannte Monatschrift, welche die wichtigsten Criminal-
und Civilrechtsfälle mit Hilfe der Stenografie wiedergiebt. Allein
abgesehen davon, dass die Berichte oft nicht gerade von den tüch-
tigsten Stenografen gefertigt werden, erscheinen sie auch erst lange
nach der Verhandlung, wenn die Reden bereits in Bezug auf die
Form durch die Redner und ihre Secretäre durchgesehen und
gänzlich umgearbeitet worden sind. Solche Berichte fallen unter
den Begriff der Sténographie à l'eau de rose.

Die ordentlichen Gerichte zerfallen in Frankreich bekanntlich
in tribunaux criminels oder Cours d'assises, in Tribunaux cor-
rectionels und in tribunaux civils.

Vor den Assisenhöfen findet die Stenografie im Privatinteresse
wenig Verwendung. Es kann indessen kommen, dass das Opfer

---

next morning a transcript of the proceedings of the day, including often
lengthy arguments of the counsel. The law-reporting of this city amounts
to a many thousands of dollars annually."

16) Provision is made in the conscription bill for every court mar-
tial and court of inquiry, to employ a shorthand reporter, by whom
the examination will be recorded, verbatim. Phonography has been employed in each of the important military investigations that have taken
place of late in this country, such as the Harper's Ferry case, the Fitz
John Porter case, and in the Military Commission appointed by the
President to inquire into the campaign of Tennessee and Kentucky."
Phonographic Magazine. Edited and engraved by Benn Pitman, Cincin-
nati, O. March 1863. In der eben angezogenen Stelle ist auch eine an-
ziehende Beschreibung des Verfahrens in solchen Kriegsgerichten und
der Mitwirkung der Stenografen.

17) „Already I have heard of two cases of judges seeking without
readely finding reporters for courts in this State (New-York). Every
court of record in this state is authorized to employ a reporter." —
„Lawyers, as a natural consequence of witnessing the use of the system
in courts are beginning to employ phonographic clerks; and clerks who
do not themselves learn Phonography will ere long be displaced by
phonographers." The Standard-Phonographic Visitor. Edited and
Published by Andrew J. Graham. Vol. I. Oct. 1863, number 2. S. 22 fg.

eines Diebstahls oder irgend eines andern Verbrechens Civilklage erhebt, d. h. vom Verklagten Schadenersatz oder Zurückerstattung fordert. Dann macht der Civilkläger seine Ansprüche, wenigstens in der Regel, durch einen Advocaten geltend. So geschah es in dem Prozesse Lamirande, der vor Kurzem vor dem Assisenhofe von Poitiers entschieden wurde und wo die französische Bank sich durch einen ausgezeichneten Sachwalter hatte vertreten lassen. Unser Freund, Dr. Delaunay, der zugleich Sténographe-réviseur am Senate ist, hat solche Fälle manchmal im Privatinteresse stenografirt. Die Zuchtpolizeigerichte urtheilen über kleinere Vergehen, sogenannte Delicte. Hier findet die Stenografie in der grossen Mehrzahl der Fälle statt. Sie könnte aber von grossem Nutzen sein in den Pressprozessen, die nach der jetzigen Gesetzgebung vor die Zuchtpolizeigerichte gehören; leider ist aber die Wiedergabe der Pressprocessverhandlungen untersagt. Es giebt nur noch eine Art von Verhandlungen vor diesen Gerichtshöfen, deren stenografische Aufnahme für die Parteien wünschenswerth sein könnte. Es sind dies die Verhandlungen wegen betrüglicher Nachahmung, wo es sich oft um sehr wichtige Interessen handelt. Solche Processe können vor die correctionelle oder vor die Civiljurisdiction gezogen werden. Hauptsächlich aber vor den Civilgerichten, d. h. vor dem Tribunal 1. und dem Gerichtshof 2. Instanz kommen Fälle vor, bei denen es den Parteien daran liegt, die Verhandlungen stenografiren zu lassen. Dort findet denn auch die Stenografie in der That die meiste Anwendung. Es ist nicht selten, dass jede Partei die Reden ihres Sachwalters und seine Repliken drucken lässt und dass überdiess, wenn der Beamte des öffentlichen Ministeriums seine Ansicht kundgegeben, was er in wichtigen Fällen in der Regel thut, in gewissen Fällen thun muss[18]), die Partei, welcher der Ausspruch des Beamten günstig war, auch von diesem die stenografische Niederschrift abdrucken lässt. Diese Klagen und Einreden werden als Brochüren gedruckt und so bald als möglich den Richtern, während sie berathen, zugestellt, d. h. in dem Intervalle, welches zwischen Klage und Einrede einerseits, und den Urtheilsspruch andererseits fällt. Gewöhnlich verlegt der Staatsanwalt, nachdem die Advocaten gesprochen, einen Aufschub pour conclure, d. h. um seine Ansicht kund zu geben und es kann alsdann vortheilhaft sein, in dieser Zwischenzeit dem Beamten die stenografirten Reden zuzustellen. Die Stenografie hat vielleicht vor dem Tribunal erster Instanz noch mehr Wichtigkeit, als vor dem Gerichtshofe zweiter Instanz, weil die Veröffentlichung der Verhandlungen der ersten Instanz bei der Appellation schätzbaren Stoff zu der neuen Verhandlung bieten kann. Obgleich nun ge-

---

18) Paraqnin, die franz. Gesetzgebung. III. S. 21 fg. u. I. 62 fg.

setzlich die Vertheilung von Denkschriften oder Abdrücken von in einem Processe gehaltenen Reden nur an die Richter oder innerhalb der Parteien gestattet ist, so herrscht doch in dieser Hinsicht eine gewisse Duldung, die, von einigen Ausnahmefällen abgesehen, diese Vertheilung in einer grössern Ausdehnung zulässt. Wenn der Process in seiner Ganzheit wiedergegeben ist, würde es rechtlich selbst schwierig sein, die Veröffentlichung einer solchen Brochüre zu verhindern. So ist der berühmte „Process der 13" von Dr. Delaunay und seinem Collegen Laborde stenografirt, veröffentlicht und in ungefähr 20,000 Exemplaren abgesetzt worden. In einem solchen Falle muss selbstverständlich das Urtheil der Richter mit in der Veröffentlichung enthalten sein. Der Process Mirès und viele andere sind auf diese Weise als Brochüren veröffentlicht worden.

Diess ist ein allgemeiner Ueberblick über die Verwendung der Stenografie in Frankreich zur Aufnahme gerichtlicher Verhandlungen. Darüber, was in dieser Richtung in Frankreich geschehen könnte, und in der That gewünscht wird, soll später gesprochen werden.

In all den Ländern, über die wir jetzt berichtet haben, ist die Stenografie nichts Neues mehr; wir kommen jetzt zu einem Reiche, in welchem diese Kunst sich erst noch Bahn zu brechen hat, zu Russland[19]), und wo doch bereits ihre Nützlichkeit, ja Nothwendigkeit für die Rechtspflege und zwar an höchster Stelle anerkannt wird.

Aus dem Journal des Justizministeriums erfahren wir, dass bereits im Anfange des Jahres 1863 das Ministerium seine Aufmerksamkeit darauf richtete, dass zur schriftlichen Aufnahme der Reden vor Gericht, welche von den Parteien ausgehen und nicht minder der mündlichen Aussagen der Angeklagten, Zeugen und anderer Personen im peinlichen Processe sich die Zuziehung geübter Stenografen als nothwendig herausstellen werde; wir erfahren ferner, dass der Kaiser, nach Anhörung des ihm vom Ministerrathe unterbreiteten Berichts über die Mittel und Wege, die beabsichtigte Reform des Justizwesens gedeihlich durchzuführen, befahl, dass der Justizminister mit dem Oberdirector der zweiten Abtheilung der kaiserlichen Kanzlei und dem Minister der Volksaufklärung in sorgfältige Berathung fernerer Massregeln zur Entwickelung der Stenografie in Russland und ihrer Anwendung im Rechtsleben einzugehen habe. — Im Hinblicke darauf, dass die Ausbildung von tüchtigen Stenografen Zeit erfordere, diese Kunst in Deutschland bereits auf die Höhe einer Wissenschaft erhoben worden, in Russland aber fast noch gar nicht bekannt sei, war nämlich vor-

---

19) S. Zeibig, Geschichte der Geschwindschreibkunst. S. 116 fg.

her vom Justizministerium durch das Ministerium des Aeussern dem Verfasser im März 1863 die Ehre erzeigt worden, von ihm ein Gutachten über eine Uebertragung der Gabelsbergerschen Stenografie auf das Russische einzufordern. In der Zuschrift der kaiserlich russischen Gesandtschaft war darauf hingewiesen, dass die practische Benutzung der Stenografie bei den Reformen in der Justizpflege Russlands von der grössten Wichtigkeit werden könnte. — Dem kaiserlichen Befehle gemäss wurde eine besondere Commission zur weitern Verfolgung der Angelegenheit niedergesetzt, ein Preis ausgeschrieben für die beste russische Stenografie etc.[20]) In einer Denkschrift des Herrn geheimen Rath Baron von Tornauw ist es als Aufgabe des von ihm beantragten stenografischen Instituts bezeichnet, auf Verlangen den obrigkeitlichen Behörden officielle practische Stenografen zur Aufzeichnung mündlicher Gerichtsverhandlungen zu stellen. Es sind auch bereits in der neuesten Zeit Gerichtsverhandlungen, aber leider lückenhaft und ungenau von den Anhängern[21]) des Generalmajors Iwanin, der 1858 ein auf englisch-französischen Grundlagen basirtes System der Stenografie veröffentlichte, aufgezeichnet worden. Dass die Frage der Stenografie und ihrer Anwendung in den Gerichtssälen eine brennende in Russland ist, beweisst das Interesse der Regierung einestheils und die Polemik der um die Herrschaft ringenden stenografischen Systeme.

Zu Deutschland übergehend, haben wir uns daran zu erinnern, dass die stenografische Aufnahme interessanter und wichtiger Gerichtsverhandlungen und deren nachträgliche Drucklegung ebenfalls keine seltene Erscheinung gewesen ist.

Gesetzliche Bestimmungen über Anwendung der Stenografie in der Justizpflege sind uns nicht bekannt ausser folgender: § 257 der für den Umfang des österreichischen Kaiserthums am 29. Juli 1853 erlassenen allgemeinen Strafprocessordnung sagt: „Ueber „jede mündliche Schlussverhandlung ist ein Protokoll aufzunehmen, „dasselbe muss die Namen der anwesenden Mitglieder des Gerichts-„hofes, des Staatsanwalts, des Privatklägers, des Angeklagten „und seines Vertheidigers und des erschienenen Beschädigten ent-„halten. In demselben sind alle bei der Verhandlung vorgekom-„menen erheblichen Vorfälle zu beurkunden. Insbesondere ist „darin aufzuführen, welche Zeugen und Sachverständige vernommen „und welche Actenstücke vorgelesen wurden, ferner ob die Zeugen „und Sachverständigen beeidigt oder aus welchem Grunde ihre „Beeidigung unterlassen wurde. Auch sind alle Anträge der Par-„teien und die vom Vorsitzenden oder dem Gerichte darüber er-

---

20) Correspondenzblatt des Kgl. stenograf. Instituts f. 1866. S. 77.
21) Судебный вѣстникъ vom 11. Juni, 21. Sept. u. 11. Oct. 1866.

„gangenen Entscheidungen, endlich die Aussagen des Angeklagten
„und der Zeugen und Sachverständigen anzumerken, insoweit sie
„von den Angaben im Untersuchungsverfahren abweichen oder
„Zusätze zu demselben enthalten. Wenn es möglich ist, soll
„die erste Aufzeichnung vom Protokollführer steno-
„grafisch geschehen."

Ob dieser Bestimmung in der Praxis nachgelebt worden, oder
ob sie eine Verordnung auf dem Papiere geblieben ist, ist uns
unbekannt.

In Sachsen gebührt dem Abg. Adv. Schreck das Verdienst,
die Benutzung der Stenografie bei Aufnahme von Protokollen beantragt zu haben, während durch den Aufsatz des Gerichtsraths
Lamm in Bautzen „die Stenografie in ihren Beziehungen zur Rechtspflege"[22]) die Aufmerksamkeit der betheiligten Kreise auf diese
wichtige Frage gelenkt ward.

Auf letztere öffentliche Kundgebung eines Juristen, der zugleich Stenograf ist, ausdrücklich hinzuweisen, halten wir für
unsre Pflicht; sie enthält so viel Beherzigenswerthes und ist auch
durch diese unsere Arbeit nicht überflüssig gemacht, dass wir sie
der Beachtung der Rechtsgelehrten wie der Stenografen gleich
warm empfehlen. Was das Wirken des Abg. Schreck im Landtage 1866 für die Verwendung der Stenografie zu obgedachtem
Zwecke betrifft, so berichten wir ausführlich darüber auf Grund
der stenografischen Mittheilungen, da diese nicht Jedem so leicht
zugänglich sein dürften, und dem sich dafür Interessirenden das
Suchen in den betreffenden Mittheilungen erspart wird.

Der Abg. Schreck begründete seinen Antrag:

„Aus Anlass der erfolgten Zurückziehung des Entwurfs
einer bürgerlichen Processordnung wolle die Ständeversammlung,
und zwar noch vor ihrer Vertagung, beschliessen, an die Kö-
nigliche Staatsregierung den Antrag zu richten, dass hochdie-
selbe auf die Zeit bis zur Erledigung des vorgedachten Gesetz-
gebungswerkes beim Norddeutschen Bunde für Vereinfachung
und grössere Beschleunigung unsers bürgerlichen Processverfahrens baldthunlichst Sorge trage und die diesfallsigen Anordnungen, insbesondere auch

„7. auf die Benutzung der Stenografie bei der Aufnahme
von Protokollen erstrecke."

in der dritten Sitzung der zweiten Kammer am 26. November
1866 (Landtags-Mittheilungen S. 23) wie folgt:

„Ich komme ferner auf den Antrag sub Nr. 7, betreffend die
Benutzung der Stenografie bei Aufnahme von Protokollen. Es ist

---

22) Zeitschrift für Rechtspflege und Verwaltung. Neue Folge. 28.
Bd. 3. Heft. S. 205 fg.

Ihnen bekannt, meine Herren, dass das Königl. Ministerium der
Justiz beabsichtigt, Vorschriften zu erlassen, um den sogenannten
Subalternbeamten einige Befugniss zur Aufnahme von Protokollen
zu ertheilen. Es geschieht dies deshalb, weil man gefühlt hat,
dass ein Mangel an Beamten, insbesondere im Stande der Actuare
stattfindet. Fort und fort ist es mir unerklärlich, warum man
sich noch immer nicht hat entschliessen können, mehr als dies
zeither geschehen ist, die Stenografie in Anwendung zu bringen,
insbesondere auch bei Aufnahme von Protokollen. Ich habe im
Frühjahr dieses Jahres in der Zwischendeputation den Antrag gestellt, dass die Stenografie bei Aufnahme von Protokollen in Anwendung gebracht werden möge. Man hat in der Zwischendeputation mehrere Versuche gemacht und die Mitglieder der Zwischendeputation haben sich davon überzeugt, dass die Anwendung der
Stenografie bei der Aufnahme von Protokollen recht wohl ausführbar sei und zwar mit einer bedeutenden Ersparniss von Zeit. Es
kommt mir, gerade der Stenografie gegenüber, der Staat vor wie
ein reicher Mann, der einen Schatz vor sich hat und diesen Schatz
nur ansieht, ohne ihn zinsbar zu machen. Man könnte mir ein-
halten: es besitze nicht Jeder die Dexterität, um sofort ein Protokoll stenografisch zu dictiren. Diesen Einwand gebe ich sofort zu;
er würde aber nur dann beachtlich sein, wenn die Vorschrift
vorläge, dass ein Jeder stenografisch dictiren müsse. Sobald aber
die Vorschrift dahin geht, dass die Benutzung der Stenografie dem
Beamten nur gestattet sei, wenn ein geprüfter Stenograf vorhanden ist und der betreffende Beamte sich dazu qualificirt fühlt, das
Ergebniss der Verhandlung zu dictiren, so kann unmassgeblich irgend
ein Bedenken nicht entgegen stehen. Es handelt sich ja zunächst nur
um einen Versuch und es würde sich in der Praxis finden, ob für
die Beamten, welche die Stenografie benutzen, eine erhebliche
Zeitersparniss entsteht. Erwägen Sie nur, meine Herren, dass oft
Protokolle vorkommen, bei denen 20 bis 30 Menschen dasitzen und
die Zeit versäumen, weil der betreffende Beamte langsam proto-
kollirt, und dass, wenn in Bezug auf die Aufnahme der Protokolle
Zeit erspart wird, diese Ersparniss um dieselbe Zahl sich vervielfacht, als Leute auf das Protokoll warten müssen. Es ist dies
ein Punkt, von dem ich hoffe, die hohe Staatsregierung werde
denselben in ernste und gewissenhafte Erwägung nehmen.“

Das vom 8. December 1866 datirte Decret an die Stände, den
Entwurf eines Gesetzes über die Befugniss zur Aufnahme von Protokollen und zu Beglaubigung bei Justiz- und Verwaltungsbehörden
betreffend, enthält zu § 7 (S. 290 L.-A. 1. Abth.)

Den Vorständen und Mitgliedern der obern und untern Ju-
stiz- und Verwaltungsbehörden, sowie allen mit dem Richtereide
verpflichteten Beamten ist gestattet, über die in ihrer Gegen-

wart und unter ihrer Mitwirkung vorgehenden Handlungen Protokolle mittelst Dictirens in die Feder aufzunehmen. Zu Giltigkeit eines in dieser Weise aufgenommenen Protokolls ist erforderlich:

    a) dass Derjenige, welchem das Protokoll dictirt wird, eine bei der Behörde in Pflicht stehende Person ist und die Niederschrift am Schlusse mit Angabe seiner dienstlichen Eigenschaft unterzeichnet,

    b) dass der dictirende Beamte das Protokoll im Zusammenhange vorliest und sodann eigenhändig unterzeichnet, auch dabei unter Angabe des Namens und der dienstlichen Eigenschaft des zum Niederschreiben verwendeten Angestellten bemerkt, dass er das Protokoll diesem in die Feder dictirt und den Erschienenen vorgelesen habe, sowie dass es von den Erschienenen genehmigt worden sei,

in den Motiven (L.-A. 1. Abtheil. S. 297) folgende Stelle:

„Bei der Vorschrift des § 7 ist erwogen worden, ob nicht theils zur Niederschrift des Protokolls durch den Protokollführer selbst, theils zu dem Dictiren eines Protokolls die stenografische Niederschrift desselben gestattet werden könne. So wenig man dabei den Werth und den Nutzen der Stenografie im Allgemeinen verkannte, so vermochte man doch dieselbe zur Verwendung bei der Protokollaufnahme selbst (im Gegensatz zu den Notizen, welche der Protokollant sich etwa während der Verhandlung zum Behufe der späteren Aufsetzung des Protokolls macht, zu welchen Notizen sich der Gebrauch der Stenografie vorzugsweise eignet) um deswillen nicht als geeignet anzusehen, weil die, nur dem Eingeweihten verständliche stenografische Niederschrift selbst ein Protokoll nicht darstellt und die Uebersetzung in Currentschrift eben nicht das aufgenommene Protokoll ist, deshalb aber mittelst der Stenografie ein Protokoll im technischen Sinne des Wortes überhaupt nicht gewonnen werden kann. Dazu kommt, dass die Befähigung zu einer stenografischen Niederschrift noch nicht so allgemein verbreitet ist, dass überall davon Gebrauch gemacht werden könnte, sowie dass der Gewinn an Zeit, welcher durch die Schnelligkeit der Niederschrift mit stenografischen Zeichen erzielt wird, durch die spätere Nothwendigkeit der Uebertragung in Currentschrift wieder verloren geht. Im Uebrigen kann weiterer Erwägung vorbehalten bleiben, ob nicht bei der bevorstehenden erweiterten Einführung der Mündlichkeit in das Processverfahren künftighin von der Stenografie Gebrauch gemacht werden könne."

Der Bericht der betreffenden Deputation der Zweiten Kammer vom 30. December 1866 ad 7 des Schreck'schen Antrags (L.-A. Beil. zur 3. Abtheil. S. 113 f.) lautet dahin:

„Was sodann ad 7 den Antrag „auf Benutzung der Stenografie bei der Aufnahme von Protokollen" betrifft, so verkennt die Deputation keineswegs die Wichtigkeit dieser in neuerer Zeit zu hoher Vollendung entwickelten Kunst, das gesprochene Wort mit derselben Schnelligkeit, wie es aus dem Munde des Redners hervorgeht, durch Schriftzeichen zu fixiren, in ihren Beziehungen zur Rechtspflege, sowie die Leistungsfähigkeit dieser Schnellschrift auf dem Gebiete des öffentlich-mündlichen Gerichtsverfahrens. Sie hat mit Interesse Kenntniss genommen von einer, diesen Gegenstand mit Umsicht und Sachkenntniss behandelnden, neuerdings erschienenen Abhandlung (vergl. Lamm in der Zeitschrift für Rechtspflege und Verwaltung, Bd. 28, S. 205 flg.), welche um so mehr Beachtung verdient, weil der Verfasser, ein in der Kunst des Stenografirens bewanderter practischer Jurist, versichert, dass er selbst seit einer längern Reihe von Jahren die Schnellschrift für die Zwecke seiner amtlichen Thätigkeit mit Vortheil practisch verwendet habe. Mehrere Mitglieder der Deputation haben überdiess dem in der gedachten Abhandlung S. 222 näher beschriebenen, in der landständischen Zwischendeputation angestellten Versuche, die Stenografie bei Protokollniederschriften zu verwerthen, persönlich beigewohnt und dabei die Ueberzeugung gewonnen, dass eine sachgemässe Anwendung dieses Verfahrens unter geschickter Leitung des instruirenden Richters und unter Mitwirkung eines zuverlässigen und gewandten Stenografen die Vortheile namhafter Zeitersparniss und Abkürzung der Verhandlung erwarten lasse. Eine solche Anwendung der Stenografie würde schon bei dem jetzigen Processverfahren, namentlich auf dem Gebiete des sogenannten Bagatellprocesses manchen aus der Aufhältlichkeit des Protokollirens erwachsenden Unzuträglichkeiten wirksam zu begegnen wohl geeignet sein, über welche nach den darüber gemachten Erfahrungen gerade auf dem Gebiete dieser mündlich-protokollarischen Verfahrungsart von Practikern am meisten Klage geführt wird.

Bei alledem aber glaubt dennoch die Deputation von der Einbringung bestimmt formulirter Vorschläge über die Voraussetzungen und Modalitäten, unter welchen stenografische Protokollniederschriften im Processe sich zur Anwendung empfehlen dürften, um deswillen absehen zu müssen, weil die (auch in der angeführten Abhandlung nicht näher erörterte) Frage, ob und inwieweit die stenografischen — nicht für Jedermann lesbaren — Schriftzeichen die volle Glaubwürdigkeit und Legalität der darin enthaltenen Parteierklärungen gegenüber den, über die Legalitätserfordernisse der Protokolle bestehenden Vorschriften zu begründen geeignet sind, oder sich eine Modification der letzteren nöthig machen dürfte, jedenfalls der eingehendsten Erwägung aller daraus resultirenden Folgen bedürfen wird, übrigens auch die Herren Commissare hier-

unter auf eine „das Protokolliren" betreffende Vorlage an die
Stände Bezug nahmen, bei welcher die vom Herrn Antragsteller
beziehentlich der Stenographie angeregte Frage bereits mit in Be-
tracht gezogen worden sei." Diesem Allen nach beschränkt sich die
Deputation darauf, der hohen Kammer vorzuschlagen:
„dass sie den auf Benutzung der Stenografie bezüglichen Vorschlag des Herrn Abg. Schreck der Königl. Staatsregierung zur
Erwägung anheim geben wolle".

Nachdem sich der Abg. Schreck dahin geäussert: „Ich bin im
Wesentlichen mit dem Vorschlage der Deputation einverstanden
und nur auf das Seite 114 des Berichts erwähnte Bedenken möchte
ich bemerken, dass allerdings auch die stenografischen Niederschriften, wie von den Stenografen mir versichert worden ist, zu
Beglaubigungen sich eignen und dass beispielsweise auf dem Gebiete der Diplomatie es nicht selten vorgekommen ist, dass stenografische Niederschriften beglaubigt und gegenseitig mitgetheilt
werden müssen. Jenes Bedenken würde sich also meinem Antrage
nicht entgegenstellen lassen", — wird der Deputationsantrag gegen
1 Stimme genehmigt.

Der Bericht der betreffenden Deputation der. Ersten Kammer
sagt (L.-A. Beilage zur 2. Abtheil. S. 83 f) über Punkt 7 des
Schreck'schen Antrags:

Zu 7. So wichtig auch die Stenografie in der Gegenwart
überhaupt sich darstellt, und so wenig man auch die hohe Bedeutung derselben in den verschiedenen Lagen des öffentlichen Lebens
verkennen will, so dürfte doch dieselbe für das jetzt nur noch
provisorisch beizubehaltende schriftliche Civilprocessverfahren sich
weniger empfehlen. Sie ist ein durch die Mündlichkeit hervorge-
rufenes, höchst beachtungswerthes Hilfsmittel, durch welches manche
Lücke des sonst allenthalben zu bevorzugenden Princips der Un-
mittelbarkeit ausgefüllt werden kann. Da aber die Hauptprinci-
pien unsers schriftlichen Civilprocessverfahrens gegenwärtig nicht
geändert werden sollen, so dürfte auch der jenseitige Beschluss
zur Zeit keine besondere Wirkung herbeiführen. Die unterzeich-
nete Deputation vermag sich daher auch nicht davon zu überzeugen, dass es angemessen sei, der Regierung den hier einschlagen-
den Antrag zur Erwägung anheim zu stellen. Und selbst wenn
man auch nur an das Protokolliren bei Verhörsterminen und an
die Zeugenabhörungen im jetzigen schriftlichen Civilprocesse oder
insbesondere an das Verfahren in Bagatellsachen denkt, so kann
der Antrag keine Folge haben, da das Resultat der von der Staatsregierung vorgenommenen Erwägung bereits vorliegt. In der Ge-
setzesvorlage, das Protokolliren und Beglaubigen betreffend, hat
die Regierung in den Motiven zu § 7 die Gründe näher auseinan-
der gesetzt, welche zur Zeit der Anwendung der Stenografie in

bürgerlichen Rechtsstreitigkeiten entgegentreten. Es rathet die Deputation der geehrten Kammer an: „sie wolle dem jenseitigen Beschlusse, den Antrag auf Benutzung der Stenografie bei der Aufnahme von Protokollen im Civilprocesse der Staatsregierung zur Erwägung anheim zu geben, nicht beitreten, vielmehr beschliessen, den diesfalls gestellten Antrag z u r Z e i t auf sich beruhen zu lassen.

Durch die Beifügung „ z u r Zeit" will die Deputation zu erkennen geben, dass sie die Anwendung der Stenografie in bürgerlichen Rechtssachen nicht für absolut unzulässig erachtet. Der Antrag der Deputation wird in der 16. Sitzung am 22. Januar 1867 ohne Discussion angenommen (L.-M. 1. K. S. 205). In der 33. Sitzung der Zweiten Kammer am 4. Februar 1867 kommt Punkt 7 des Schreck'schen Antrags nochmals zur Verhandlung. Es äussert sich in dieser Hinsicht der Referent: Zu Punkt 7 bestanden die Differenzpunkte beider Kammern darin: „dass die hohe Erste Kammer dem diesseitigen Beschlusse, den Antrag auf Benutzung der Stenografie bei der Aufnahme von Protokollen im Civilprocesse der Staatsregierung zur Erwägung anheim zu geben, nicht beigetreten war, vielmehr beschlossen hat, den diesfalls gestellten Antrag z u r Z e i t auf sich beruhen zu lassen."

Die diesseitige Deputation und mit ihr die hohe Kammer hatten aber diese Ablehnung der Benutzung der Stenografie nicht als zur Zeit für angemessen erachtet, sondern beschlossen, dass dieser Antrag der hohen Staatsregierung zur Erwägung gegeben werde. Ihre Deputation hat sich in dieser Angelegenheit der jenseitigen Kammer nachgiebig gezeigt und sich dem jenseitigen Antrage angeschlossen, der dahin lautet: „den bezüglichen Antrag des Herrn Abgeordneten Schreck zur Zeit auf sich beruhen zu lassen". Die Gründe dafür sind in der Hauptsache die, dass die Benutzung der Stenografie auch ohne unsern Antrag immer mehr und mehr sich Bahn brechen wird. Die Staatsregierung wird wahrscheinlich dann, insbesondere, wenn der Mangel an protokollarischen Kräften immer mehr sich geltend macht, von selbst auf die Stenografie kommen. Wenn wir nunmehr in diesem Punkte uns der jenseitigen Kammer nachgiebig gezeigt haben, so haben wir überhaupt das allgemeine Werk der Einigkeit zu befördern gesucht, ohne der Sache selbst Schaden zu thun. Aus diesem Grunde beabsichtigt die Deputation, der Kammer den Vorschlag zu machen, in dieser Beziehung der jenseitigen Kammer nachzugeben, dergestalt also, dass der bezügliche Antrag des Herrn Abg. Schreck auf Benutzung der Stenografie etc. auf sich beruhen gelassen wird; und sodann der Abg. Schreck: Da der neueste Vorschlag der Deputation dahin geht, dass mein Antrag nur z u r Z e i t auf sich

beruhen soll; da also nicht eine definitive Zurückweisung des Antrags vorgeschlagen wird, so will auch ich auf diesem Antrage
nicht unbedingt weiter beharren; ich will nur die Gelegenheit er-
greifen, vorzugsweise ein Bedenken zu widerlegen, welches dem
vorliegenden Antrage gegenüber in der Ersten Kammer laut geworden ist und welches ich durchaus für unbegründet halte. Man
hat dort gesagt, dass, wenn auch auf der einen Seite sich nicht
verkennen lasse, dass durch die stenografische Aufnahme der Protokolle eine Zeitersparniss werde erlangt werden, doch auf der
andern Seite erwogen werden müsse, dass die stenografischen Niederschriften wiederum abgeschrieben werden müssten und hierdurch
wieder Zeitverluste entstehen würden. Allein, meine Herren, ich
gestatte mir darauf aufmerksam zu machen, dass ich bei dem vorliegenden Antrage vorzugsweise solche Protokolle im Auge gehabt
habe, wo eine grosse Zahl von Interessenten concurrirt. Ich erwähne beispielsweise die Expeditionen in Gemeindesachen, die
Gemeindewahlen, die Verhandlungen mit den Jagdgenossenschaften,
die Verhandlungen mit den sogenannten Altgemeinden, die Verhandlungen mit den Actiengesellschaften und die Generalversamm-
lungen, welche in neuester Zeit gar häufig vorkommen, endlich
die Verhandlungen, welche in Concurssachen statt zu finden haben.
Man muss bei Verhandlungen dieser Art erwägen, dass es sich
nicht blos um Zeitersparniss für die Protokollanten und um eine
Zeitersparniss für die eine oder zweite Partei handelt, sondern
dass, wenn beispielsweise ein Protokoll, dessen protokollarische
Aufnahme zwei Stunden in Anspruch nimmt, stenografisch in einer
Zeit von zehn Minuten nieder geschrieben werden kann, mithin
im letzteren Falle 1 ¾ Stunde Zeit so viele Mal erspart wird, als
Personen bei der betreffenden Verhandlung betheiligt sind. Haben
Sie also, was nicht selten ist, 30, 40, 50, 100 oder 200 Bethei-
ligte und es wird das Protokoll im vierten Theile der Zeit aufgenommen, so ist für 30 bis 200 Male die Zeit erspart, und wenn
Sie, um nicht blos eine Zeitersparniss hervorzuheben, diejenigen
Verhandlungen ins Auge fassen, wo eine Anzahl von Sachwaltern
die betreffenden Interessenten vertritt, wie dies z. B. in Concursen
geschieht und wie dies namentlich künftig statt zu finden haben
wird, wenn die sogenannte Prüfungstagfahrt abzuhalten ist, so
muss ich darauf aufmerksam machen, dass der Sachwalter seine
Zeitversäumniss nach der Taxordnung berechnet; dass also die
erste Stunde des Sachwalters für einen Termin bezahlt wird mit
1 Thaler 10 Ngr. und jede folgende Stunde mit der Hälfte, also
mit 20 Ngr., sonach also, wenn eine Prüfungstagfahrt Vormittags
3 Stunden und Nachmittags 4 Stunden in Anspruch nimmt, in
Summa also 7 Stunden, schon am ersten Tage jeder Sachwalter
sechs Mal 20 Ngr. und noch einmal 1 Thlr. 10 Ngr., mithin 5

Thlr. 10 Ngr. liquidirt; dass ferner derselbe, wenn ein Vergleich zu Stande kommt, die doppelte Gebühr zu liquidiren hat, also jeder Sachwalter in dem eben gedachten Falle 10 Thlr. 20 Ngr. erhält und dass, wenn eine solche Prüfungstagfahrt, die wohl bei grösseren Concursen in Aussicht steht, zwei Tage in Anspruch nimmt, jeder Sachwalter 21 Thlr. 10 Ngr. liquidiren kann. Wird nun das Protokoll, dessen Aufnahme bei Vergleichen besondere Genauigkeit und Mühsamkeit erfordert, anstatt in 6 Stunden oder 7 Stunden in einer halben Stunde aufgenommen, so wird es nicht selten sein, dass bei einem einzigen Termin Hunderte, ja vielleicht Tausende an Kosten erspart werden. Ich selbst habe es erlebt, dass ein einziger Sachwalter in einem solchen Concurstermine, welcher zwei Tage dauerte, weit mehr als 50 Gläubiger zu vertreten hatte. Sie Alle · wissen, dass in neuerer Zeit insbesondere eine weit grössere Menge industrieller Institute existirt und dass leider, wenn Calamitäten und Krisen in der Geschäftwelt eintreten, auch diese Institute von Concursen betroffen werden. Ich gebe daher anheim, ob nicht bei diesen Verhandlungen ebenso, wie bei Verhandlungen der Genossenschaften überhaupt, die Ersparniss an Zeit und Kosten wesentlich mit ins Auge gefasst werden muss, und spreche wiederholt die Hoffnung aus, dass die hohe Staatsregierung, auch wenn jetzt die Benutzung der Stenografie von ihr nicht beschlossen wird, dies doch später thun werde, sobald wir eine wesentliche Umgestaltung unseres Processverfahrens erlangen.

Der Antrag der Deputation findet Annahme in der Kammer.

Um nun auch für weitere Kreise die Verwendbarkeit der Stenografie bei dem künftigen Gerichtsverfahren überzeugend darzuthun, hatte das Königl. stenografische Institut, unterstützt durch die gütige Mitwirkung des Advocaten Schreck, auf Donnerstag den 14. Februar d. J., Nachmittags 4 Uhr in „Meinhold's Etablissement" einen Actus veranstaltet und zu demselben zahlreiche Einladungen ergehen lassen. Es hatten sich etwa 70 Personen eingefunden, darunter Se. Excellenz der Staatsminister Dr. Schneider, fast sämmtliche Räthe des Justizministeriums, verschiedene andere höhere Staatsbeamte, der Commissar des stenografischen Instituts, geh. Regierungsrath Häpe, viele Advocaten und Abgeordnete, sowie Freunde der Stenografie. Nachdem der Vorstand des Königl. stenografischen Instituts, Prof. Dr. Heyde, zunächst einige kurze Worte über das Wesen der Stenografie und deren Zuverlässigkeit vorausgeschickt hatte, ergriff Abg. Schreck das Wort:

Meine Herren! Es ist Ihnen allen bekannt, dass vorzugsweise in Sachsen schwere Klagen darüber laut geworden sind, dass man die juristisch befähigten Beamten, besonders in der ersten Zeit ihrer Carriere, zu viel benutze zu Arbeiten, welche mehr mechanischer Natur sind. Es ist Ihnen ferner bekannt, dass auch Seiten der obersten Justizbehörde gefühlt worden ist, wie in neuester Zeit zu wenig junge Juristen der Carriere auf dem Felde der Justiz sich zuwenden. Es ist auffällig, wenn man in dieser Richtung einen Vergleich anstellt zwischen dem Zustande in Sachsen und dem in andern Ländern, sei es in Hannover, sei es in Preussen, sei es in andern deutschen Staaten. Es hat dies zu der Erwägung Anlass geben müssen, ob nicht der Organismus der Geschäftsführung in Sachsen eine wesentliche Schuld hieran trage. Ich glaube, wer unbefangen die Sache ansieht, kann darüber, dass die eben erwähnte Frage zu bejahen sei, nicht zweifelhaft sein. Wir haben dankbar anzuerkennen, dass im Laufe des letztverflossenen Jahres unser Justizministerium diese Angelegenheit mehr als früher ins Auge gefasst hat und bestrebt ist, Abhülfe zu verschaffen; insbesondere hat der geehrte Herr Chef der Justiz, welcher dermalen an der Spitze der Justizverwaltung steht, im Laufe der letztverflossenen Monate eine Anzahl Anordnungen getroffen, welche wesentlich dazu beitragen werden, so manchen Uebelständen abzuhelfen. Es sind beispielsweise gedruckte Schemata in grosser Anzahl gefertigt worden, welche bei der Justizverwaltung angewendet werden und ausserdem hat man auch einem Antrage, welcher beim vorigen Landtage in Bezug auf die examina gestellt wurde, Beachtung geschenkt. Es ist ferner eine Aufbesserung der Gehalte der jüngern Justizbeamten erfolgt und man bereitet dermalen eine Verordnung vor, wornach die Aufnahme einer grossen Anzahl von Protokollen auch solchen Beamten übertragen werden kann, welche nicht juristisch gebildet sind. Wenn endlich die Zufertigungen von Appellationssachen, die Erstattung von Berichten und eine Anzahl anderer Formalitäten wegfallen, so wird gewiss in erkennbarer Weise den erwähnten Uebelständen abgeholfen sein. Allein ich glaube, wir haben dessenungeachtet immer ins Auge zu fassen, ob nicht noch andere Mittel vorhanden seien, um jene Uebelstände und Mängel, welche in Wahrheit schwere sind, ganz zu beseitigen. Ich habe in der Zwischendeputation für die Berathung und Begutachtung der den Ständen vorgelegten organischen Gesetze den Antrag gestellt, „dass man bei der Aufnahme von Protokollen die Stenografie mit benutzen möge." Man hat diesem Antrage eine Anzahl Bedenken entgegengestellt und es ist mir von besonderem Werthe, nachdem der Antrag auch bei jetzigem Landtage Gegenstand der Berathung geworden ist, einer Anzahl wissenschaftlich gebildeter Männer gegenüber die Gründe, welche mich zu diesem Antrage bewogen haben, darzulegen, auf der andern Seite aber zugleich zur Widerlegung jener Bedenken Gelegenheit zu haben. Meine Herren! Wenn es in Sachsen um eine neue Einrichtung sich handelt, so möchte ich sagen, es ist fast herkömmlich geworden, dass der Vorschlag zu einer solchen Einrichtung mit Aengstlichkeit und Besorgniss gehört und aufgenommen wird. Ich glaube behaupten zu dürfen, dass die sächsische Aengstlichkeit gegenüber neuen Einrichtungen sprichwörtlich geworden sei. Wir haben eine grosse Anzahl von Einrichtungen, welche in andern Staaten bereits seit Jahrzehnten mit segensreichem Erfolge bestehen und doch hat man dieselben dem sächsischen Volke und den sächsischen Beamten noch immer vorenthalten. Ich will auf diese Institutionen nicht speciell kommen, ich erlaube mir nur, Sie an zweierlei zu erinnern. Ich meine die Aufnahme von Recognitions-Registraturen und die Bestimmungen der Notariatsordnung, namentlich die Menge von Formalitäten, welche man für die Notariatsgeschäfte vorgeschrieben hat. Glauben Sie nicht, dass ich den Antrag auf Benutzung der Stenografie bei Aufnahme gerichtlicher Protokolle blindlings hinausgeschossen habe, blos um etwas Neues vorgebracht zu haben. Sie dürfen mir wohl zutrauen, dass ich die Sache erst genau ins Auge fasse, bevor ich einen Antrag an die Ständeversammlung bringe; denn es ist Nichts unangenehmer, als mit einem Antrage zurückgewiesen zu werden. Meine Herren! Ich bin practischer Jurist, ich weiss also, um was es sich bei Aufnahme von Protokollen handelt und deshalb dürfen Sie der Versicherung glauben, dass ich, bevor ich den erwähnten Antrag stellte, mir überlegt habe, ob er ausführbar und berücksichtigungswerth sei. Ich bitte um die Erlaubniss, demnächst einige Bedenken erwähnen zu dürfen, welche man meinem Antrage entgegengestellt hat. Man hat eingehalten, es werde unthunlich sein, die Niederschrift eines Stenografen zu benutzen, als eine glaubwürdige Unterlage der gerichtlichen Acten. Wenn Sie allerdings lediglich die mit Bleistift auf Pergament bewirkte Niederschrift eines Stenografen, welcher einer flüchtigen Rede gefolgt ist, im Auge haben, so gebe ich Ihren Einwand ohne Weiteres zu; allein erwägen Sie, dass es darum sich nicht handelt, dass nach meinem Vorschlage vielmehr dictando stenografirt werden soll, dergestalt, dass Derjenige, welcher die stenografische Niederschrift bewirken lassen will, in wohl überlegter Gedankenfolge dictirt und dass auf der andern Seite der Stenograf nicht mit Bleistift auf Pergament zu schreiben braucht, sondern dass derselbe eben so gut mit Tinte und Feder nachschreiben kann, so dass seine Niederschrift dem Verwischen mit Gummi eben so wenig ausgesetzt ist, wie die gewöhnliche Currentschrift. Hiermit widerlegt sich schon ein wesentliches Bedenken, nämlich die Behauptung, dass das, was der Stenograf niederschreibt, viel leichter verwischt werden könne. Ich mache ferner darauf aufmerksam, dass, wenn ein geübter Stenograf — und von solchen spreche ich blos, denn die Behörde wird niemals einen andern verwenden als einen solchen, der seine Befähigung nachgewiesen hat — wenn ein geübter

2 *

Stenograf nachgeschrieben hat, alsdann ein anderer Stenograf, welcher demselben Systeme angehört, auch seines Collegen Schrift jederzeit wird lesen können. Es wird also nicht blos möglich sein, dass die stenografische Niederschrift, welche dictando erfolgt ist, nunmehr in Currentschrift übersetzt und lediglich die letztere zum Anhalt genommen wird, sondern es wird auch, wenn das Original der stenografischen Niederschrift mit zu den Acten kommt, jeder Stenograf derselben Schule stets dieses Original vergleichen können. Wenn nun eine stenografische Niederschrift, welche dictirt worden ist, als Protokoll zu den Acten kommt, und diese Niederschrift in Currentschrift übertragen ist, so ist nach meiner Ansicht eine grössere Sicherheit gewonnen, als wenn man blos ein, vielleicht flüchtig niedergeschriebenes Protokoll hat. Ich denke mir die Sache so, dass das, was vom Beamten dictirt und alsdann übersetzt worden ist, von demselben Beamten contrasignirt, hierdurch aber die Richtigkeit der Uebersetzung bestätigt wird. Beide Schriftstücke kommen zu den Acten. Es bietet offenbar die Niederschrift und die Uebersetzung eines bei der Behörde angestellten Beamten eine grössere Garantie, als wenn man beispielsweise sogar in Capital- oder Wechselsachen bei der Uebertragung eines vielleicht sehr wichtigen Documents, welches in hebräischer, arabischer oder überhaupt in einer dem Richter unbekannten Sprache abgefasst ist, lediglich auf die Uebersetzung des Dollmetschers sich verlassen muss. Muss man in Fällen der eben gedachten Art, sogar im Criminalprocesse und im Civilprocesse auf einen Dollmetscher sich verlassen, warum will man einem Stenografen, der bei der Justizbehörde verpflichtet ist und regelmässig bei dieser Behörde fungirt, nicht dieselbe Glaubwürdigkeit beilegen? Man hat ferner eingehalten: wenn das Protokoll einmal von der stenografischen Niederschrift übertragen werden müsse in Currentschrift, so entstehe ja wiederum eine Zeitversäumniss; erst werde das Protokoll dictirt und dann werde es aus der stenografischen Niederschrift übersetzt; eine Zeitersparniss werde also nicht erreicht. Meine Herren! auch diesen Einwand kann ich nicht gelten lassen. Ich gebe zu, dass durch die Uebersetzung aus der stenografischen Niederschrift in Currentschrift ein Zeitaufwand entsteht; allein wem entsteht derselbe? Er entsteht einem Copisten, welcher die stenografische Niederschrift in Currentschrift überträgt. Aber wer versäumt seine Zeit bei der gewöhnlichen Aufnahme des Protokolls? Da versäumt seine Zeit der Beamte selbst, welcher die Verhandlung leitet, ausserdem versäumen die Zeit die Sachwalter, welche bei der Niederschrift der Protokolle gegenwärtig bleiben müssen und drittens versäumen die Zeit die gleichzeitig anwesenden Interessenten. Meine Herren! Ich glaube, die grosse Mehrzahl von Ihnen wird die Erfahrung gemacht haben, dass die Aufnahme von

Protokollen, insbesondere bei Verhandlungen, bei welchen viele Interessenten concurriren, häufig eine wahrhaft erdrückende Langweiligkeit hat. Gestatten Sie mir, zugleich daran zu erinnern, dass wir neuerdings auf dem Gebiete des Handels und der Industrie eine grosse Menge von Instituten haben, welche von Zeit zu Zeit Verhandlungen nöthig machen. Sie haben Actienvereine, bei denen mitunter 100 bis 300 Personen concurriren, Sie haben ferner Genossenschaften, Wahlversammlungen in Gemeinden, Sie haben eine Masse grösserer Versammlungen, bei denen Protokolle aufgenommen werden müssen, und wenn es sich beispielsweise auch nur um die Aufnahme eines Syndicats für eine Corporation handelte, so haben häufig 50, 100 bis 200 Personen hieran Theil zu nehmen. Wenn bei Aufnahme eines Protokolls nur eine Stunde erspart wird und 100 Personen gegenwärtig sind, meine Herren, so haben wir hundert Stunden erspart. Diese Stunde ist hundert verschiedenen Leuten erspart und Sie können nicht wissen, wie theuer dieselbe so manchem der Anwesenden ist, der langweiliger Weise warten muss, bis das Protokoll aufgenommen worden ist. Ich erinnere Sie daran, wie häufig eine oder zwei Stunden vergehen, ehe nur das Präsenzprotokoll aufgenommen wird. Wer unter ihnen jemals einer Ablösungsverhandlung beigewohnt hat, wird sich erinnern, mit welcher eclatanten Genauigkeit darauf gehalten wird, dass jeder einzelne Vorname aller Betheiligten genau constatirt sei; er wird wissen, wie aufhältlich es ist, ganz genau mit den Acten und Legitimationsurkunden zu vergleichen, ob der Betreffende den oder jenen Vornamen führt, welchen er häufig selbst nicht mehr weiss. Auf diese Feststellung und auf die protokollarische Niederschrift aller Namen warten nicht selten mehr als 100 Personen, denen dies langweilig und ärgerlich ist, weil sie inmittelst zu Hause ihre Geschäftszeit versäumen und dadurch Verluste haben. Wenn wir z. B. das neue Concursverfahren erhalten, es möge nun der Entwurf, welcher von der hohen Staatsregierung den Ständen vorgelegt worden, oder ein anderer Entwurf durch die Centralgewalt des norddeutschen Bundes zur Geltung kommen, so werden wir in jedem Falle die sogenannte Prüfungstagfahrt haben, d. h. denjenigen Termin, in welchem nach Eröffnung des Concurses die sämmtlichen Gläubiger prüfen sollen, wie es stehe mit ihren Forderungen und ob sie dieselben gegenseitig anerkennen. Wenn Sie nun den Concurs einer Actiengesellschaft oder irgend eines Unternehmens, bei welchem Hunderte von Gläubigern concurriren und vielleicht Dutzende von Sachwaltern beschäftigt sind, ins Auge fassen, zugleich aber erwägen, dass jene Sachwalter bei einer Prüfungstagfahrt künftig von Anfang bis zum Ende um deswillen gegenwärtig- sein müssen, weil sie nicht wissen können, zu welcher Stunde die Interessen ihrer Clienten concurriren

und ob nicht der zuletzt in Frage kommende Gläubiger noch ein
solcher sein kann, der das Interesse ihrer Clienten schmälert, die
Verhandlung also leicht zwei bis drei Tage dauern kann; wenn
Sie ferner erwägen, dass die Sachwalter für die hierdurch absor-
birte Arbeitszeit bezahlt werden müssen, und, wie schon erwähnt,
Dutzende von Sachwaltern bei einer solchen Prüfungstagfahrt
gegenwärtig sind, nun aber Dutzende von Stunden erspart werden
durch die stenografische Aufnahme des Protocolls, so werden Sie
zugeben, dass schon allein die Rücksicht auf die künftige Gestal-
tung des Concursverfahrens uns wohl Anlass geben muss zur ge-
nauen Prüfung der Frage, ob nicht die Erlaubniss zu stenografischer Aufnahme der Protokolle dringend geboten erscheine. Man
hat vielfach entgegengehalten, es sei, wenn eine Versammlung
stattfinde, bei welcher viele Personen sprechen, nicht thunlich,
gleichzeitig zu protokolliren, es sei dem Stenografen nicht möglich,
Alles, was gesprochen wird, niederzuschreiben, es werde ein
Wirrwarr entstehen und die Aufnahme eines Protokolls in einer
Hauptverhandlung sei nicht denkbar. Wenn in einer Verhandlung
Streit entstehe oder die Güte gepflogen werde, so werde es nicht
möglich sein, bei dem Streite, welcher zwischen den Parteien
stattfindet, Alles niederzuschreiben. Meine Herren! Wenn ich
als practischer Jurist anstreben wollte, dass die Verhandlung stenografisch nieder geschrieben werde, während sie stattfindet, so
würde ich mich allerdings auf einem ziemlich unpractischen Stand-
puncte befinden. Ich bin der Ansicht, dass der die Verhandlung
leitende Richter, wenn er beispielsweise die Güte pflegt, die Parteien vorerst hören und ihnen Gelegenheit geben muss, gegenseitig ihre Ansichten auszusprechen. Wenn aber die Gütepflegung
zu Ende ist, so ist, das werden mir alle practischen Juristen zugeben, weiter Etwas nicht nöthig, als dass das Resultat der
Gütepflegung niedergeschrieben werde. Ebenso ist es bei allgemeinen Verhörsterminen; es wird mitunter ein grosser Wirrwarr
zwischen den Parteien stattfinden und ein Streit über die einzelnen divergirenden Interessen entstehen; es ist aber auch in den
Verhörsterminen, oder in einer Prüfungstagfahrt nicht nothwendig,
etwas anderes, als das Resultat der Verhandlung im Protokolle
wiederzugeben. Ist aber ausnahmsweise ja einmal das Resultat
der Verhandlung zur stenografischen Niederschrift nicht geeignet,
nun, so ist es ja unbenommen, die Stenografie von einer solchen
Verhandlung auszuschliessen. Das gerade ist wesentlich zu beach-
ten, dass von mir nicht beantragt worden ist, das Königl. Justizministerium möge eine Vorschrift dahin geben, dass die Stenografie
benutzt werden müsse. Vielmehr wünsche ich vorerst nur eine
facultative Bestimmung dahin, dass da, wo stenografische Kräfte
vorhanden sind, es erlaubt sein soll, die Stenografie zu benutzen.

Man hat ferner gesagt, es gebe zwar einzelne Beamte, welche die Befähigung haben, stenografische Protokolle zu dictiren, allein vielen Beamten gehe diese Befähigung ab und es komme der Beamte in Verlegenheit, wenn er nicht die Dexterität habe, ein Protokoll zu dictiren. Hierauf gestatte ich mir einzuhalten, dass ein wissenschaftlich gebildeter Mann der Regel nach die Befähigung haben wird, ein Protokoll, wenn es nicht ganz complicirter Art ist, zu dictiren. Hat er aber ausnahmsweise diese Befähigung nicht, so wird das Bedenken sofort beseitigt, sobald die Bestimmung blos facultativ lautet und der Beamte, wenn er die Stenografie nicht benutzen kann, sie nicht zu benutzen nöthig hat. Warum aber, wenn die Gelegenheit geboten ist, die Stenografie zu benutzen und Zeit und Geld zu ersparen, ein Institut, welches so viel Vortheile bietet, überhaupt nicht benutzt werden soll, dass, meine Herren, vermag ich nicht einzusehen. Ich habe um die Erlaubniss gebeten, auch mittelst eines Beispiels Ihnen zu beweisen, dass die Stenografie bei gerichtlichen Verhandlungen zu benutzen sei und zugleich darzulegen, in welcher Kürze der Zeit ein Protokoll aufgenommen werden kann. Ich erwähne nur noch, dass, wenn das Protokoll stenografisch aufgenommen worden ist, man zugleich den Vortheil hat, dass in der Regel, da das Protokoll laut dictirt wird, die Interessenten am Schlusse des Protokolls sagen werden, wir depreciren, dass das Protokoll uns vorgelesen werde, sonach also zugleich auch die Zeit erspart wird, welche durch die Vorlesung des Protokolls sonst absorbirt zu werden pflegt.

Um den Anwesenden die Sache practisch vor Augen zu führen, wurde von dem Redner, unter gütiger Beihülfe der Advocaten Schelcher und Judeich eine Gerichtsverhandlung (Gütetermin bei einer Klage auf Grund einer Baarforderung) fingirt, nach Schluss der etwa ¼ stündigen Verhandlung das Protokoll in fünf Minuten dictirt und in 1½ Minute vorgelesen. Als zweites Beispiel hatte der Redner eine Verhandlung zur Aufnahme eines Syndicats gewählt. Die Präcision und Raschheit, mit welcher sofort die Niederschriften von den Stenografen (Mitgliedern des Königl. stenografischen Instituts: dem Verfasser dieses Schriftchens und Dr. Biercy) wiedergelesen wurden, erregte den Beifall und die Ueberraschung der Anwesenden im hohen Grade.

Den Actus schloss Abg. Schreck mit folgenden Worten:

Ich erlaube mir am Schlusse noch eine Bemerkung: es ist recht wohl ausführbar, dass während der Aufnahme des Protokolls, wenn z. B. der eine oder andere Satz den Betheiligten nicht gefällt, sofort während des Dictirens eine Erinnerung gezogen wird oder dass, wenn der Stenograf das Protokoll vorliest, während des Vorlesens eine Erinnerung gegen das Protokoll erfolgt. Eine solche Erinnerung kann eben so gut, ja ich möchte sagen noch besser Aufnahme finden, als bei einem gewöhnlichen Protocolle. Ich glaube mich auf das Zeugniss derer berufen zu können, in deren Beisein in der Zwischendeputation der Zweiten Kammer ich zu fungiren die Ehre hatte. Ich habe dort bei der Berathung des ersten Theiles der Concursordnung am Schlusse einer jeden Deputationssitzung als Referent, sofort, das Resultat der Verhandlung stenografisch dictirt. Es war gerade die Aufnahme eines solchen Protokolls jedesmal um deswillen mit besondern Schwierigkeiten verbunden, weil, wenn ein Gesetz durchgegangen und berathen wird, es ganz natürlich sich darum handelt, ob und welche einzelne Worte und Sätze des Gesetzentwurfs herausgenommen oder in den Context des Gesetzes hineingestellt werden sollen. Der Stenograf muss also dort beim Dictiren des Protokolls ins Auge fassen, welche Worte er mit sogenannten „Günsefüsschen" signiren soll, um dieselben, wenn das Protokoll übertragen wird, erkennbar zu machen. Gerade hierin liegt eine besondere Schwierigkeit, und dennoch ist während der ganzen Verhandlungen in der Zwischendeputation kein einziger Fall vorgekommen, in welchem das Protokoll zu einem Missverständnisse Veranlassung gegeben hätte; im Gegentheil haben die Mitglieder der Deputation mir versichert, dass sie mit der stenografischen Aufnahme der Protokolle einverstanden seien und hierbei von der Verwendbarkeit der Stenografie und dem Nutzen der Anwendung derselben sich überzeugt haben.

II.

Haben wir im Vorstehenden einen Ueberblick gegeben, wo und wie die Stenografie bereits der Rechtspflege dienstbar gemacht worden ist, so handelt es sich jetzt darum, theils aus den angeführten Thatsachen Winke für die Nutzbarmachung jener Kunst auch für den Justizdienst in unserem Vaterlande zu entnehmen, theils weitere, sich bei einer nähern Betrachtung ergebende Vortheile des Handinhandgehens der Schnellschrift mit der Rechtspflege darzulegen.

Bei Lösung dieser Aufgabe müssen wir hier und da auf die treffliche Abhandlung unseres Freundes, des Gerichtsraths Lamm, zurückgehen. Seine Worte müssen um so mehr ins Gewicht fallen, als derselbe seit einer langen Reihe von Jahren in verschiedenen Stellungen des Justizdienstes die Stenografie zu Zwecken seiner amtlichen Thätigkeit verwendet hat, und seine Erfahrungen, die eines Juristen, werden durch Beobachtungen, die der Verfasser dieses Schriftchens während seiner mehr als 20jährigen Praxis als Stenograf zu machen Gelegenheit hatte, vollkommen bestätigt. Eine solche Uebereinstimmung ist aber jedenfalls geeignet, Beider Worten in competenten Kreisen einige Bedeutung zu verschaffen.

Zuförderst bietet die Stenografie dem Juristen, sei er Richter oder Sachwalter, alle die Vortheile, die ein jeder Gebildete aus derselben zu schöpfen vermag.

Wer immer etwas entwerfen, wer die rasch einander folgenden Gedanken festhalten will, dem gewährt nur die Stenografie die Möglichkeit dazu. Vergebens verliesse er sich auf sein Gedächtniss. Die mühsam dahinschreitende Currentschrift, allzu schwerfällig für den mächtig und rasch arbeitenden Geist, erstickt oder erkältet wenigstens die Imagination. Wir behaupten sicher nicht zu viel, wenn wir sagen, dass ohne Zweifel jeder Jurist das ihm vorliegende Thema erschöpfender und besser behandeln wird und in kürzerer Zeit zu erledigen im Stande ist, welcher den sich drängenden Ideen und Bildern mit Hülfe der Stenografie zu folgen vermag, als Derjenige, dem diese mächtige Dienerin nicht zur Seite steht. Gerichtsrath Lamm[23]) weist nach, welchen Zeitgewinn die Anwendung der Stenografie bringt und wie sie das ungestörte Fortschreiten der geistigen Operation neben dem Schreibgeschäfte ausserordentlich begünstigt. Er bezeugt aus eigner Erfahrung, wie sehr sich die Stenografie zur Einlegung von Randbemerkungen in Handausgaben von Gesetzen, die am häufigsten zur Anwendung kommen, eignet[24]), wie sie sich bei Anfertigung von Actenextracten, die zur Grundlage mündlicher Verträge dienen sollen, hülfreich zeigt, wie mächtig sie das Gedächtniss unterstützt, auch auf dem Gebiete der gerichtlichen Redekunst dem Staatsanwalte und Vertheidiger willkommene Dienste leistet, indem sie mitten im Flusse der Rede und Gegenrede ihm gestattet, widerlegungsbedürftige Aeusserungen des Gegners mit möglichst geringer Ablenkung der Aufmerksamkeit zu notiren[25]),

---

23) Lamm, a. a. O. S. 210.

24) Wir kennen einen preussischen Landschaftsdirector, dem die Stenografie das Mittel bot, die in seiner Amtsführung oft einzusehenden gesetzlichen Bestimmungen auf einige Blättchen zusammenzudrängen und der nun diese in der Brieftasche stets bei sich führt, eine Einrichtung, die ihm schon vielfach von Nutzen gewesen ist und manche Weiterungen erspart hat.

25) L'avocat sténographe saisira textuellement si non le plaidoyer entier de son adversaire, au moins le développement de ses arguments principaux pour rendre leur réfutation plus complète: il n'est pas sans intérêt pour lui, dans quelques circonstances, d'avoir, au sortir de l'audience, et sans passer par les lenteurs du greffe, le texte du jugement, d'un arrêt. Hipp. Prévost, Nouveau manuel complet de sténographie. 7éd. p. 3.

wie diese Kunst endlich den Sachwalter bei der Niederschrift mündlicher Instructionen seiner Clienten, die nicht nothwendig in die
Privatacten gehören, für die treue und vollständige Erfassung des
Stoffes besondern Nutzen gewährt. Alles Erfahrungen, die von
andern, der Stenografie kundigen Juristen aller Orten bereits vielfach gemacht und hier und da auch schon ausgesprochen worden
sind[26]). So sagt Rathskämmerer Fischer: „Der der Stenografie
kundige Jurist wird auch mehr Musse erhalten, mit den neuen
Fortschritten seiner Wissenschaft durch Lectüre juristischer Zeitschriften, sich im Niveau zu halten und hier und da sich stenografische Notizen zu machen, von denen er früher oder später in
seiner Praxis Gebrauch machen kann, abgesehen von den sonst
von ihm fortwährend in Acten und Terminkalendern, Deserviten-
büchern und andern Journalen zu bewirkenden, durch Anwendung der Stenografie nicht unbedeutend abzukürzenden Bemer-
kungen. Und bereits giebt es Expeditionen von Advocaten, in
denen nur solche Copisten Anstellung finden, welche die Schule
der Stenografie passirt haben, weil ihre Principale sich lediglich
dieser Kunst in ihren Concepten bedienen.“ Eine Thatsache, die
wir aus eignem Wissen nur bestätigen können. Wir kennen hier
in Dresden mehrere geachtete und vielbeschäftigte Sachwalter, die
sich der Stenografie in dieser Weise bedienen, oder, wenn sie selbst
dieser schönen Kunst unkundig sind, ·eigens oft noch neben ihrem
Expeditionspersonale Stenografen besolden, denen sie ihre geistigen
Elaborate dictiren. Noch mehr als hier ist dies in Oesterreich
und Bayern der Fall, wo es förmliche Advocaturstenografen giebt.
    Doch genug! Es hiesse zu oft schon Gesagtes — leider nicht
gehörig Beherzigtes — und bei einiger Betrachtung zu leicht in
die Augen Springendes wiederholen, wollte man diese Klasse von
Vortheilen, welche die Stenografie dem Richter- und Sachwalter-
stande bietet, noch weiter und ausführlicher darlegen. Es ergiebt
sich aber schon aus dem Vorstehenden, wie Recht die der Stenografie kundigen Juristen haben, wenn sie ihre Berufsgenossen zum

---

26) Die Stenografie nach Geschichte, Wesen und Bedeutung. Von
Robert Fischer. Leipzig 1860. S. 121 fg.
    S. Warren, Duties of Attornies and Sollicitors, 2 ed. p. 72 sagt:
Shorthand is a valuable accomplishment, one which I have often seen
confer much advantages on its possessor as have made me vow many
times that I would acquire the art myself. It enables you to take out
your pencil at a moment's notice, and note down verbatim words per-
haps of infinite importance, and of which it may hereafter prove of
great service to yourself and your clients, to have an accurate record.
So many instances of the truth of these remarks must be occurring to
most of these present, that I shall say you no more upon the subject.
S. auch Gabelsberger, Anleitung zur deutschen Redezeichenkunst. Mün-
chen 1831. S. 107. ·

Studium und zur fleissigen Verwendung der Stenografie in ihrem Berufe ermahnen. Welche Vortheile die Stenografie bietet, wenn es gestattet wird, die Protokolle den Stenografen zu dictiren, das hat Abgeordneter Schreck so treffend dargelegt, dass darüber kein Wort weiter zu verlieren ist.[27]) Was ferner zu sagen ist über die Verwendung der Stenografie im öffentlich-mündlichen Verfahren, ist von Lamm ebenfalls bereits so treffend ausgesprochen[28]), dass wir auch in dieser Hinsicht auf unsern Vorgänger verweisen können und wir beschränken uns daher darauf als erwiesen zu constatiren, dass alle möglichen Uebelstände vermieden und gleichwohl die Anforderungen, welche das Gesetz an das Sitzungsprotokoll gestellt hat, in so vollkommener Weise, wie es durch Anwendung der Currentschrift niemals geschehen kann, befriedigt werden würden, wenn man sich entschlösse, einen Stenografen an den Platz des Gerichtsschreibers zu setzen, „da die Stenografie allein im Stande ist, ein vollständiges und treues Bild der mündlichen Verhandlung wiederzugeben und doch mit der Verhandlung gleichen Schritt zu halten, so dass die Hauptverhandlung mit einem grossen Gewinne an Zeit, welcher sich um die Zahl der aufgebotenen Arbeitskräfte vervielfacht, im Zusammenhange sich abwickeln, in dessen Folge aber den beisitzenden Richtern einen frischern und wirksamern Eindruck hinterlassen und die Zuhörer in lebhafterer Theilnahme erhalten würde, alles Vortheile, welche die Stenografie auch da, wo Schwurgerichte bestehen, in dem Verfahren über minder wichtige Strafsachen vor den Gerichtsabtheilungen darbieten müsste, während durch die Verwendung in der Schwurgerichtssitzung wenigstens für die Begnadigungsinstanz eine werthvolle Unterlage geschaffen wäre". So Lamm, der hiermit nichts mehr und nichts weniger behauptet und nachweist, als worauf vor ihm schon Andere, Juristen und Stenografen, hingewiesen haben.[29]) Mit Recht äussert sich Gabelsberger in dieser Beziehung: „Die Stenografie erscheint da, wo das gesprochene und augenblicklich festgehaltene Wort der Träger aller Verhandlungen des Gerichtes, wie der Parteien ist, wo bei interessanten und schwierigen Fällen die ausgezeichnetsten Anwälte plädiren und bei Auseinandersetzung der verwickeltsten Rechtsverhältnisse sachgewandte Juristen zu Begründung der Anklage, wie der Vertheidigung an Rednertalent und Gewandtheit sich wechselseitig überbieten, wo Tausende mit gespannter Erwartung dem Ausgange der Sache entgegensehen und der öffentlichen Bekanntmachung der Entscheidung harren, als ein

---

27) Vgl. S. 10 fgg. und 17 fgg. und Lamm a. a. O. S. 212.
28) Lamm, a. a. O. S. 218 fg.
29) Gabelsberger, a. a. O. S. 108. Fischer, a. a. O. S. 123.

so wichtiges Institut, dass es z. B. in England und Frankreich längst zum Bedürfniss geworden ist, dasselbe in fortwährender Thätigkeit zu erhalten und als ein O r g a n d e r ö f f e n t l i c h e n K u n d g a b e w i c h t i g e r P r o z e s s v e r h a n d l u n g e n zu benutzen. — Zugleich gewährt die Redezeichenkunst eine sichere Garantie für die wahre Darstellung der gepflogenen Verhandlungen und der von den Parteien sowohl, als ihren Sachwaltern vorgebrachten factischen Verhältnisse, — eine Garantie gegen beliebige Verdrehung und willkürliche Deutung, damit hiernach frei von allen Parteirichtungen die reine Grundlage, auf welche der Wahrspruch der Geschwornen, oder in Civilsachen der Ausspruch des zu ertheilenden Rechtes gebaut werden muss, hergestellt werden könne.

Nebenbei bildet die Verwendung der Stenografen vor den Schranken der Gerichte auch die Vorschule zur Aufnahme landständischer Verhandlungen."

„Die Oeffentlichkeit", sagt Bentham[30]), „ist die wirksamste aller Garantien des Zeugnisses und der Entscheidungen, die davon abhängen, sie ist die Seele der Justiz." Er weist nach, welchen vortheilhaften Einfluss die Oeffentlichkeit auf Zeugen und Richter, selbst auf das Publicum ausübt und spricht es aus, dass eine beständige Berufung vom Gerichte des Richters an die öffentliche Meinung eine Bürgschaft für die Gerechtigkeit seiner Entscheidungen bietet. „Auf die Moralität eines Richters", bemerkt Bentham an einem andern Orte[31]), „wirkt die Oeffentlichkeit wie ein Zügel, indem sie ihn von Parteilichkeit und Unredlichkeit jeder Art zurückhält, auf seine intellectuellen Fähigkeiten wie ein Sporn, indem sie ihn in die Gewohnheit einer unablässigen Anstrengung bringt, ohne welche seine Aufmerksamkeit niemals auf der Höhe seiner Pflicht gehalten werden kann. Ohne Verzug, Mühseligkeit und Kosten zu vermehren, hält sie den urtheilenden Richter selbst unter einem Urtheil. Unter den Auspicien der Oeffentlichkeit geht der Process zu gleicher Zeit in dem Gerichtshofe und vor der öffentlichen Meinung vor sich." — Die Oeffentlichkeit ist ferner aber auch von hohem Nutzen als Schutz für den guten Namen eines Richters gegen Vorwürfe. Ein weiterer Vortheil ist aber zu bedeutend, um nicht besonders hervorgehoben zu werden; er liegt darin, dass durch die Oeffentlichkeit der Tempel der Gerechtigkeit eine Schule der höchsten Ordnung wird, wo die wichtigsten Gebote der Moral durch die kräftigsten Mittel verwirklicht werden; ein Theater, in welchem die Gaukeleien der Fantasie den tief

---

30) Theorie des gerichtlichen Beweises von Jeremias Bentham. Aus dem Französischen von Et. Dumont. Berlin 1838. S. 83.
31) W. M. Best's Grundzüge des englischen Beweisrechts, bearbeitet und herausgegeben von Dr. H. Marquardsen. Heidelberg 1851. S. 98 fg.

ergreifenden Darstellungen des wirklichen Lebens Platz machen
müssen. Hineingetrieben durch das selbstsüchtige Motiv der Neu-
gier, werden die Menschen, ohne es zu beabsichtigen oder gewahr
zu werden, dort mehr und mehr geeignet, sich von dem socialen
edlern Motive der Liebe zur Gerechtigkeit bestimmen zu lassen."
Und der überzeugendste Beweis für die Weisheit unserer Vorfah-
ren in der Bildung der Gerichtshöfe zeigt sich in dem Umstande,
dass als nothwendige Formen für eine gesunde Rechtspflege die
Jury und Oeffentlichkeit der gerichtlichen Verhandlungen einstim-
mig verlangt werden. Die Oeffentlichkeit beim Verfahren ist der
Schutz des Richters, der Schutz der Partei, die unerlässliche Be-
dingung der Sicherheit des Rechts[32]). Wenn dem so ist — und
wir glauben fast, es hätte so vieler Citate nicht einmal bedurft,
um dies festzustellen — so muss eo ipso das Mittel dieser Oeffentlichkeit eine grössere Ausdehnung und Bedeutung zu verschaffen,
willkommen sein. Dies Mittel liefert wiederum die Stenografie und
es würde zu erwägen sein, ob es nicht thunlich wäre, was man
für die legislativen Versammlungen bereits hat, auch für die Gerichtsverhandlungen, wenigstens für die bedeutendsten derselben,
zu erlangen, d. h. die stenografische Aufnahme und Herstellung officieller stenografischer Mittheilungen über Gerichtsverhandlungen[33]), ein Unternehmen, bei welchem die der Ausführung ent
gegenstehenden grossen Schwierigkeiten durch die dadurch erziel-
ten Vortheile weit überwogen würden. Dass aber ein Bedürfniss
für eine solche Publication vorhanden ist, dafür liefert die Thatsache
den Nachweis, dass in England, Frankreich, Amerika und selbst
bei uns schon einzelne interessante Verhandlungen — und oft zum
Schaden der Sache von untüchtigen Kräften — stenografirt und
dann veröffentlicht worden sind und dass das Publikum — Rechts-
kundige und Laien — in unvollständigen, incorrecten Berichten der
Zeitungen Ersatz suchen muss. „Nach meiner Ueberzeugung",
sagt Advocat Delaunay, „würde eine richtig organisirte stenografische Aufnahme der Gerichtsverhandlungen bei uns, wie überhaupt
in jedem andern Lande eins der nützlichsten Hülfsmittel zur Vertheidigung gerechter Sachen und zur Sicherheit und Schnelligkeit
der Rechtspflege bieten. Man muss daher die Anstrengungen, von
welcher Seite sie auch ausgehen mögen, unterstützen, welche dahin gerichtet sind, die Anwendung der so ausgedehnten Gerichtsstenografie zu verbreiten und zu vervollkommnen."
 Wir können es uns nicht versagen, da diese Frage einmal
angeregt ist, darauf kurz hinzuweisen, welche Vorbedingungen

---

32) Die französische Gesetzgebung von E. J. Paraquin, III 12.
33) Die Herstellung eines solchen „Moniteur judiciaire officiel" vertritt und wünscht namentlich Girardin.

wir für die Erfüllung einer solchen Aufgabe stellen müssen, und
hier thun wir am Besten, die Erfahrungen unsers mehrerwähnten
Freundes Delaunay zu Rathe zu ziehen. Ihm scheint eine wesentliche Anforderung, die man an einen solchen Gerichtsstenografen
zu stellen hat, Rechtskenntniss. Das andere ist eine rasche Uebertragung der stenografischen Niederschriften, um das schnelle Erscheinen der Publication zu ermöglichen und so das Publicum
daran zu gewöhnen, seine Kenntniss von Gerichtsverhandlungen
lieber aus den authentischen Berichten, als aus den gewöhnlichen
Zeitungsreferaten zu schöpfen.

Nach dieser Abschweifung — wenn man es so nennen will —
zur Herstellung der Protokolle zurückkehrend, haben wir noch ein
Protokoll zu erwähnen, bei dem die stenografische Abfassung
unerlässlich erscheint. Das Verfahren, welches der Stellung
unter Curatel von Wahnsinnigen und Blödsinnigen vor-
auszugehen hat, ist nach dem preussischen Landrechte ein ziemlich complicirtes. Die Hauptverhandlung wird in einem Termine
gepflogen, in welchem zwei beigezogene Sachverständige (Irren-
ärzte) mit dem unter Curatel zu stellenden (dem Provocaten) ein
Gespräch abzuhalten haben. Ueber die Verwendung der Stenografie bei diesen Verfahren äussert sich nun der berühmte
Irrenarzt Dr. Neumann[34]) folgendermassen: „Das mit dem Implo-
raten zur Erforschung des Gemüthszustandes geführte Colloquium
soll der Arzt nach Frage und Antwort speciell und vollständig zu Protokoll geben, ein Geschäft, das von der grössten Wichtigkeit ist, da dies Protokoll dieselbe Wichtigkeit und Bedeutung
hat, wie die Obductionsprotokolle, nämlich vollständige Er-
mittelung, Darlegung und Feststellung der Ergeb-
nisse des Befundes als Grundlage für das abzugebende
Gutachten." — „Wenn ich gesagt habe, dass das Protokoll
nicht ein Spiegelbild, sondern eine Darlegung des Wesens des Im-
ploraten geben soll, so muss deswegen doch das Protokoll das
Spiegelbild der im Termin stattgefundenen Unterhaltung sein und
es ist Aufgabe des Sachverständigen so zu fragen, dass sich das
Wesen enthüllt, Sache des Protokollführers, dass sich enthüllende
Wesen sofort zu fixiren. Das ist aber unmöglich, wenn das Protokoll später ausgearbeitet wird. Ein solches Protokoll kann nur
wie ein Versuch betrachtet werden, aus Notaten und Erinnerun-
gen also aus der Einbildungskraft ein Werk zu schaffen, welches
jene Situation darlegt, es wird im seltensten und glücklichsten
Falle ein Kunstwerk, in welchem die künstlerische Wahrheit doch

---

34) Die Theorie und Praxis der Blödsinnigkeitserklärung nach
preussischen Gesetzen. Ein Leitfaden für Aerzte und Juristen von Dr.
H. Neumann. Erlangen 1860. Verlag von Enke. S. 67. 71 ff.

nicht als Aequivalent für die juristische genommen werden darf. Was hilft es, dass die Sachverständigen dieses kunstvolle Protokoll mit ihres Namens Unterschrift versehen? Dass das Gespräch gerade so gehalten worden, wie es das Protokoll wiedergiebt, können sie nicht mit gutem Gewissen bezeugen. Wer kann sich stundenlange Gespräche mit Wahnsinnigen so genau merken, um nachher für die Einzelheiten einstehen zu können? Sie bezeugen also nur die Gleichheit des Gesammtinhalts, des Gesammteindrucks oder wie man es nennen will und damit geht gerade die wesentliche Eigenschaft des Protokolls verloren, welche keine andere ist, als die möglichste Objectivität. Das sind gar keine Protokolle mehr, sondern schon verkappte Gutachten. Wenn nun aber das Ministerialrescript von den Sachverständigen verlangt, dass sie das Colloquium speciell nach Frage und Antwort vollständig zu Protokoll geben, wenn sich dagegen andererseits herausstellt, dass die Erfüllung dieser Forderung meist eine Sache der Unmöglichkeit ist, so sieht man wohl ein, dass es nur zweierlei Lösungen dieses Widerspruchs geben kann. Entweder nämlich man überzeugt sich, dass jene Forderung zu streng sei und dann würde in ihr eine Aenderung, resp. ein gänzlicher Nachlass derselben eintreten müssen, oder die Forderung erscheint gerechtfertigt, dann wird man Mittel suchen müssen, wie ihr Genüge gethan werden kann. Nach dem, was über die hohe Bedeutung des Protokolls angedeutet worden ist, wird die Beantwortung dieser Frage nicht zweifelhaft sein. Dasselbe Ministerialrescript erklärt mit unbestreitbarem Rechte, dass dies Protokoll dieselbe Bedeutung und Wichtigkeit hat, wie die Obductionsprotokolle, man könnte sogar sagen, eine noch grössere Bedeutung, da dort über Lebende, hier über Todte geurtheilt wird. — Es handelt sich daher um ein Mittel, diesen Ansprüchen genügen zu können und dieses Mittel liegt in der Stenografie. Bisher hauptsächlich angewendet, um Reden nachzuschreiben, die in Repräsentativversammlungen gehalten werden, eröffnet sich vor Gerichten ein neues Feld für ihre Thätigkeit, und vielleicht das wichtigste und erfolgreichste. Die Schnelligkeit und Treue, welche die Stenografie zu einem so mächtigen politischen Bildungsmittel gemacht hat, macht sie nun vor Gericht geradezu unentbehrlich. Wie weit der Kreis ihrer Anwendung dort gehen könne, wage ich nicht zu entscheiden, es würde sich nicht einmal a priori bestimmen lassen. Indessen wird jedenfalls Zeit gewonnen, und da Zeit gerade dasjenige ist, was beim bisherigen Verfahren so rücksichtslos verschwendet werden musste, da ferner offenbar die Zeit das kostbarste Kapital jeder Verwaltung ist, so wäre dies schon Grund genug, um die Stenografie einer Aufmerksamkeit zu würdigen. Insofern sie nur Zeitersparniss ist, trifft sie bei der grossen Mehrzahl der gerichtlichen Acte, nicht das Wesentliche der Sache; sie hat auf den Inhalt der Acten keinen Einfluss, sie ist ein Externum, wie, wichtig sie auch sonst sein mag. Nur durch Vermittelung der Stenografie können die in termino aufgenommenen Protokolle denjenigen Inhalt und diejenige Bedeutung haben, welche allein den Richter in den Stand setzen, sich ein, selbstständiges Urtheil zu bilden. Nur auf diese Weise ist es möglich, den superarbitrirenden Behörden ein Material in die Hände zu geben, auf welches sich ein Superarbitrium begründen lässt. Die jetzt so sehr oft sich herausstellende Differenz zwischen den Ansichten der vor Gericht fungirenden Sachverständigen und der übergutachtenden Behörden, die gewiss nicht dazu beiträgt, die Achtung vor den Experten zu erhöhen, dürfte dann immer seltener werden. Es wird aber in Bezug auf die abzuhaltenden Colloquien selbst die Einführung der Stenografie eine sehr wesentliche Rückwirkung ausüben. Die Aufmerksamkeit der Sachverständigen würde durch die Rücksicht, dass jede kleinste Frage wörtlich zu Protokoll genommen wird, ungemein gesteigert werden; denn in dem Grade, als ein solches Protokoll jeden, dem es zu Gesicht kommt, besser als die bisher üblichen in den Stand setzt, über den Gemüthszustand des Provocaten zu urtheilen, in demselben Grade eröffnet es auch einen sichern und tiefen Einblick in die Sachkenntniss, den Scharfsinn, die Gewandtheit und die Gewissenhaftigkeit des untersuchenden Arztes. . . . Das Bewusstsein, dass jedes solche Protokoll an die Medicinalcollegien und weiter bis an die wissenschaftliche Deputation u. s. w. gelangt, wird die Sachverständigen anfeuern, im Termine so zu verfahren, dass a) ihre eigene Sachkenntniss im besten Lichte erscheint und b) das abgegebene Gutachten aus dem Protokolle selbst, wie eine unangreifbare Consequenz hervorgeht. Ein solcher Antrieb würde aber dann ferner auf die gerichtliche Ausbildung der Aerzte von den erspriesslichsten Folgen sein. Wir werden also, wenn wir die möglichen Erfolge der Einführung der Stenografie bei Aufnahme dieser Protokolle kurz zusammenfassen, sagen müssen: sie würde 1) die Einsicht in die zu untersuchende Sache (Gemüthszustand) ungemein fördern, 2) das Terminprotokoll zu dem (gesetzlich verlangten) Werthe eines Obductionsprotokolls erheben, 3) dadurch den superarbitrirenden Behörden ein brauchbares Material in die Hände liefern, 4) ein wichtiges Steigerungsmittel für die Anstrengung der Sachverständigen abgeben, 5) für die Aerzte, speciell für die Gerichtsärzte, ein neues, unschätzbares Prüfungsmittel einführen.[35]) — Ueber die Ausführbarkeit der Sache kann kein Zwei-

---

[35] Die weiteren, vom Verfasser dargelegten Vortheile der stenografischen Aufnahme solcher Colloquien und der Sammlung derselben, übergehen wir.

fel sein. Es wird nur darauf ankommen, dass Juristen und Aerzte
sich von dem nicht mehr abzuweisenden Bedürfnisse überzeugen;
lebendiges Bewusstsein des Bedürfnisses ist schon halbe Abhülfe!"
Der Nachweis, dass ferner die Stenografie auch zu Herstellung
gültiger Beweisurkunden geeignet sei, ist vom Gerichtsrath Lamm
in seiner Schrift[36]) so schlagend geführt worden, dass .wir der
Mühe, die gegnerischen Ansichten zu widerlegen, überhoben sind.
Er bezeugt, dass ein allgemeines Verbot der Stenografie bei Anfertigung von im Civil- wie im Criminalverfahren beweiskräftigen
Urkunden aus den gemeinrechtlichen oder particularrechtlichen
Quellen unsers Processrechts nicht abzuleiten sei und dass nur in
Bezug auf die Führung der Handelsbücher und die Errichtung
von Testamenten[37]) die positive Gesetzgebung eine unmittelbare
Erkenntnissquelle über die Zulässigkeit der Stenografie zum Zwecke
der Beurkundungen biete. · Was die Führung der Handelsbücher
anlangt, so ist schon früher[38]) von uns ausgeführt worden, dass
durch Artikel 32 des durch Bundesbeschluss vom 31. Mai 1861
für alle deutschen Staaten beschlossenen allgemeinen Handelsgesetz-
buchs der Gebrauch der stenografischen Schrift bei Führung der
Handelsbücher nicht verboten ist. Aus den Protokollen der betreffenden Berathungscommission zu obgenannten Artikel — der
so lautet: „Bei der Führung von Handelsbüchern und bei den
übrigen erforderlichen Aufzeichnungen muss sich der Kaufmann
einer lebenden Sprache und der Schriftzeichen einer solchen bedienen" — ist leicht zu erkennen, ob dabei an den Gebrauch stenografischer Schriftzeichen gedacht ist. Dann aber ist die Stenografie in der That die Schriftart einer, beziehendlich mehrerer
lebender Sprachen, die sich · immer mehr im täglichen Leben ein-
bürgert, und überdem wird ja gar nicht verlangt, dass der Richter
die Sprache oder Schrift kenne, wenn es nur möglich ist, durch
einen Dolmetscher das Verständniss der Urkunden zu erlangen.
Es scheint auch, man hat bei der gegentheiligen Annahme ganz
den Spruch des Juristen Paulus vergessen: Non figura literarum,
sed oratione, quam exprimunt literae, obligamur. Es wird also,
da kein ausdrückliches Verbot vorliegt, die Anwendung der neuen
zuverlässigen Schriftart gestattet sein müssen.
Was nun das Verbot des Gebrauchs der Stenografie bei letzt-
willigen Verfügungen, wo sie zu grösserer Schonung des Testa-
tors, und besonders im Falle einer ansteckenden Krankheit des
Letzteren, sich als ganz vorzugsweise nützlich erweisen würde, um
in aller Geschwindigkeit alle wesentlichen Anordnungen als Grund-

---

36) Lamm, a. a. O. S. 211 fg.
37) Lamm, a. a. O. S. 215 fg.
38) Correspondenzblatt des Königl, stenograf. Instituts 1862. No. 1 S.4.

lage des in voller Rechtsform zu entwerfenden Instrumentes zu notiren, anlangt, so ist nach §§. 2096 und 2104 des bürgerlichen Gesetzbuchs die Zeichenschrift bei Errichtung eines Testaments, sei es eines aussergerichtlichen oder gerichtlichen, ausgeschlossen, und die Motiven fassen ausdrücklich die Stenografie mit unter den Begriff Zeichenschrift, weil, wie Siebenhaar[39]) sagt, eine Vereinigung der Lehrer der Stenografie über allgemein gültige Grundsätze zur Zeit noch nicht habe hergestellt werden können. Diese Bestimmung und die ihr zu Grunde liegende Interpretation der Stenografie beweist uns, dass den Gesetzgebern und den Commentatoren genauere Kenntniss über das Wesen und den Stand der Stenografie im Allgemeinen sowie der Gabelsbergerschen insbesondere nicht beigewohnt haben kann. Die Grundsätze der Gabelsbergerschen Stenografie stehen unerschütterlich fest und sie werden durch die im Laufe der Zeit an derselben vorgenommenen Verbesserungen in keiner Weise berührt. Die Stenografie Gabelsbergers ist auch nicht im Mindesten eine Zeichenschrift, sondern sie ist eine Buchstabenschrift. Wir müssen daher in die Klage unsers Vorgängers[40]) einstimmen, dass erfahrungsmässig die Stenografie unter dem Urtheile von Nichtstenografen am meisten zu leiden gehabt hat, und wir können nicht umhin darauf hinzuweisen, dass bereits ein anderer Sachkundiger, geh. Regierungsrath Häpe, gegen die Autorität von Nichtstenografen in Sachen der Stenografie, wenn auch bei einer andern Veranlassung, Verwahrung eingelegt[41]) und diesen seinen Protest ausführlich begründet hat.

Ganz unwillkürlich sind wir somit dazu gelangt, die hauptsächlichsten, gegen die Verwendung der Stenografie in der Rechtspflege geltend gemachten Einwürfe in das Bereich unserer Betrachtung zu ziehen.

Der Einwand, dass in der Regel ein Stenograf nur seine eigene Schrift wiederlesen könne, ist eigentlich, wie der geheime Regierungsrath Häpe[42]) ganz mit Recht sagt, einer Widerlegung nicht werth; allein wir wollen zum Ueberflusse die Grundlosigkeit der entgegenstehenden Meinung dennoch durch einige Thatsachen nachweisen.

Der Stenograf Frenzel aus Dresden, der drei Landtage hindurch in Oldenburg die Verhandlungen derselben allein, und zur allgemeinen Befriedigung stenografirt hatte, starb im Februar des Jahres 1856, und sein Tod war die nächste Veranlassung, dass der Verfasser im Frühjahr 1856 nach Oldenburg berufen ward.

---

39) Commentar, B. 3, S. 238.
40) Lamm, a. a. O., S. 215.
41) Die Stenografie als Unterrichtsgegenstand. Dresden 1863. §. 13. S. 30 fg.
42) A. a. O., S. 8 und 12.

Hier gelang es ihm nun, einen schlagenden Beweis der Vorzüglichkeit der Gabelsbergerschen Stenografie zu geben und glänzend darzuthun, dass sie sich in der That vor allen Systemen in Bezug auf Wiederlesbarkeit auszeichnet. Frenzel hatte in Folge der ihn erfassenden Krankheit, die ihn bald darauf aufs Siechbett streckte und endlich seinen Tod herbeiführte, eine Anzahl Sitzungen nicht zu übertragen vermocht. Verfasser übernahm die Aufgabe, sie von des Verstorbenen Tafeln abzudictiren. Trotzdem, dass Frenzel in Folge der Abgeschlossenheit, in der er lebte, mancherlei stenografische Eigenthümlichkeiten angenommen hatte und ungeachtet dessen, dass die Schrift selbst zum Theil mit zitternder Hand und vor einem Jahre schon geschrieben war, trotzdem, dass die verhandelten Gegenstände als sehr localer Natur sich erwiesen, las Verfasser diese Aufzeichnungen und übertrug sie zur vollen, amtlich bescheinigten Zufriedenheit der Auftraggeber. Und dieser Fall steht sicherlich nicht vereinzelt da in der Geschichte der Gabelsbergerschen Stenografie. Wo bleibt aber solchen Thatsachen gegenüber die Behauptung, dass die Gabelsbergersche Schrift im Allgemeinen schwer und höchstens nur für den Schreiber selbst lesbar sei? Eine Ansicht, die, wie Eggers[43]) ganz richtig bemerkt, ferner auch einfach durch die Thatsache widerlegt wird, dass eine grosse Zahl Zeitschriften in Gabelsbergerscher Schrift erscheinen, dass in einigen derselben als Leseübungen in den Kammern gehaltene Reden nach der Original aufnahme in der allerkürzesten Debattenschrift mitgetheilt und von den Kundigen in allen Theilen des Vaterlandes — also auch nicht unmittelbar nach der Aufnahme — ohne Anstoss gelesen werden. Sollen wir noch weitere Nachweise der leichten Lesbarkeit der Gabelsbergerschen Schrift liefern, so verweisen wir auf das Factum, dass z. B. Dr. Eggers in Berlin sich bei seinen vielen schriftlichen Arbeiten stets der Gabelsbergerschen Stenografie bedient und die etwa erforderliche Uebertragung in die Currentschrift durch einen andern Stenografen besorgen lässt. Wir verweisen darauf, dass Oberlehrer Tietz[44]) sich zu seinem eignen Gebrauche nur der stenografischen Schrift bedient und umfangreiche Abhandlungen über mathematische und physikalische Probleme, umfassende Gutachten über Fragen der Schule in derselben Schrift niedergeschrieben hat, ohne dass ihm eine Verlegenheit aus diesem Gebrauche der Stenografie erwachsen wäre. Wir verweisen darauf, wie oft bereits hier in Dresden und anderwärts

---

43) Die Stenografie in den Schulen. Von Dr. K. Eggers. Berlin, 1863. S. 34 fg.
44) Ein Urtheil über die Verhandlung, welche auf der 15. Versammlung der Directoren der westphälischen Gymnasien und Realschulen über den Unterricht in der Stenografie stattgefunden hat. Neue Jahrb. für Philologie und Pädagogik, 91. und 92. B., 5. und 6. Heft, S. 291 fg.

von stenografischem Manuscripte abgesetzt worden ist, wir wissen, dass bei uns in der Verwaltungssphäre die Bescheidung ad marginem nicht selten stenografisch erfolgt, und haben aus dem Munde eines Militärs noch neuerdings mit grosser Genugthuung gehört, wie derselbe zum Erstaunen seines Vorgesetzten den stenografisch geschriebenen Rapport eines Gensdarmen so leicht ablas, als sei es Currentschrift, dass endlich beim Königl. stenografischen Institute bisher jährlich mehrere Tausend stenografisch geschriebene Briefe der verschiedensten Personen aus den verschiedensten Ländern eingegangen sind, ohne dass jemals eine nicht zu lösende Dunkelheit oder Zweideutigkeit eine Rückfrage an den Absender nöthig gemacht hätte. Wir könnten hier Thatsachen auf Thatsachen häufen, hätten wir Raum und Zeit, dieselben alle zu notiren. Nur das Eine sei uns erlaubt noch anzuführen, dass auch die oben referirte Probe im Actus des Königl. stenografischen Instituts ein unwiderlegliches Zeugniss für die sofortige Wiederlesbarkeit der Gabelsbergerschen Stenografie abgelegt hat.

Wenn nun ferner gegen die Verwendung der Stenografie bei Gerichten, namentlich bei Anfertigung von amtlichen Schriftstücken, als Protokollen, Testamenten, Schuldurkunden u. s. w. aus dem Gebrauche der sogenannten Sigel — der feststehenden Bezeichnungen eines Wortes oder einer Sylbe durch einen oder einige daraus entnommene Buchstaben — und Abbreviaturen Einwendungen hergeleitet worden sind, — obschon Niemand behaupten wird, dass mit dem Gebrauche der Currentschrift jede Fälschung abgeschnitten sei, — so ist zuerst zu constatiren, dass die wenigen Kürzungen dieser Art, welche in dem Gabelsbergerschen Systeme vorhanden, insgesammt zu deutlich und bestimmt sind, um zu Missverständnissen und falschen Deutungen Anlass zu geben, dann aber auch zu bedenken, dass es ja überhaupt nicht einmal nothwendig ist, sich dieser Kürzungen zu bedienen. Auch wenn man auf alle diese Kürzungen verzichtete, würde doch die Currentschrift an Schnelligkeit hinter der Stenografie noch weit zurückbleiben. Vielleicht genügte aber auch eine Revision der jetzt gebräuchlichen Sigel und Abbreviaturen, bei welcher solche, die möglicherweise zu einer Missdeutung und Fälschung eine Handhabe bieten könnten, aus der Gerichtsstenografie zu verbannen und, wenn nöthig, durch andere Kürtzungen zu ersetzen sein würden, eine Aufgabe, deren Lösung sich das Königl. stenografische Institut bereits vorgesetzt hat.

Wir brauchen kaum darauf aufmerksam zu machen, dass Justinians bekanntes Verbot[45]) nicht gegen die Anwendung der rö-

---

45) Ne per scripturam aliqua fiat in posterum dubitatio, jubemus

mischen Stenografie bei gerichtlichen Verhandlungen und Urkunden ging, sondern sich gegen den Gebrauch der Sigel bei Vervielfältigung des Codex richtete, die allerdings, weit verschieden von dem, was wir heutzutage mit dem Worte bezeichnen, durch ihre Vieldeutigkeit zu mannichfachen Irrthümern Anlass geben konnten. [46]) Was dagegen die Geschwindschreiber von Amtswegen an Amtstelle niedergeschrieben, hatte in Rom volle Glaubwürdigkeit. Das Bedenken, was gegen die Lesbarkeit und Zuverlässigkeit der Gabelsbergerschen Schrift aus den — übrigens ebenfalls bei der Gerichtsstenografie nicht unbedingt nothwendig in Anwendung zu bringenden — Satzkürzungen geschöpft wird, widerlegt Oberlehrer Tietz in Braunsberg folgendermassen [47]):

„Wenn die Schrift eine sichtbare Sprache sein soll, so muss ein vollkommnes Schriftsystem denselben Hauptforderungen genügen, welche man an die Sprache stellt; es muss daher jedes Schriftsystem, welches auf Vollkommenheit Anspruch macht — um hier von allen übrigen Leistungen abzusehen — die Mittel bieten, so schnell zu schreiben, als man zu sprechen im Stande ist, und jedes Schriftsystem, welches diese Eigenschaft nicht hat, wird auf Vollkommenheit keinen Anspruch machen dürfen. Welches ist nun der geeignete und naturgemässe Weg, auf dem ein Schriftsystem dieses Ziel erreichen kann?"

„Wie die Sprache der Laute, so bedient sich die Schrift gewisser Zeichen, um die Vorstellungen, Gedanken und Empfindungen für den, welcher mit ihren Zeichen vertraut ist, sicher und zuverlässig zu fixiren. Dabei sind folgende Fälle möglich. Entweder die Schrift zerlegt die Sprache in ihre Grundbestandtheile, in ihre einzelnen Laute, und stellt besondere Zeichen für dieselben auf, wie es die Buchstabenschrift thut, oder sie giebt besondere Zeichen für Sylben, oder endlich für Begriffe und Wörter und wird dadurch im ersteren Falle zur Sylben-, im andern Falle zur Wortschrift. Sowohl die Sylbenschrift als die Wortschrift darf von vornherein als verfehlt gekennzeichnet werden, weil die wenigsten Menschen Zeit und Fähigkeit genug besitzen, um sich eine Schrift anzueignen, welche für jede Sylbe oder gar für jeden Begriff einer gebildeten Sprache ein besonderes Zeichen hätte. Die Schrift der Chinesen liefert dazu ein schlagendes Beispiel. Eine Gebrauchsschrift, eine Volksschrift, darf also keine Sylben-, keine Wortschrift, d. h. keine Sigelschrift, sondern sie

---

non per siglarum captiones et compendiosa aenigmata (quae multas per se et per suum vitium, antinomias conduxerant), ejusdem codicis textum conscribi, l. 1. C. 17 de vet. j. enucl. etc.
46) Vergl. z. B. Cicero de oratore II, 69.
47) Grundriss der deutschen Stenografie. Braunsberg 1867. Tafel 33.

muss eine Buchstabenschrift sein. Dann ist es aber wiederum klar, dass keine menschliche Hand im Stande ist, Buchstaben für Buchstaben und zugleich so schnell zu schreiben, als man zu sprechen vermag; und es entsteht die Frage, wie hat es ein Schriftsystem anzufangen, wenn es den Grundcharakter der Buchstabenschrift beibehalten und dennoch die Mittel bieten will, so schnell zu schreiben, als man sprechen kann. Dazu liefert die letzte und höchste Stufe der Gabelsbergerschen Erfindung, die Satzkürzung, das Mittel. Die Stenografie ist kein Mechanismus und konnte als vollkommnes Schriftsystem kein bloser Mechanismus' sein, wenn sie eine Buchstabenschrift bleiben und zugleich eine Schnellschrift werden sollte, welche dem geflügelten Worte zu folgen im Stande wäre. Wie auf allen Stufen ihrer Entwickelung, so zeigt sich uns Gabelsberger auch in der höchsten Vollendung seiner Erfindung als ein denkender Praktiker, der sich zuerst das Ziel klar macht, welches zu erreichen ist, und dann zur Erreichung dieses Ziels eben nur soviel Mittel in Anwendung bringt, als unbedingt nothwendig sind. Es ist in vielfachen Beziehungen von Wichtigkeit zu wissen, wie viel Buchstaben eine gewisse Summe von Wörtern enthält, und man hat gefunden, dass in einer Minute 150 Buchstaben in Worten deutlich ausgesprochen werden können. Sehen wir nun davon ab, dass die Zunge wohl nicht im Stande ist, dem lesenden Auge zu folgen, und dass wir ohne Zweifel vielmehr bewältigen können, wenn wir still für uns lesen, als wenn wir laut vorlesen, sondern legen der folgenden Untersuchung nur die Zahl 150 zu Grunde, so entsteht die Frage, wie viel von den 150 Buchstaben sieht das lesende Auge wirklich? Eine Menge optischer Erscheinungen, so alle Experimente, welche ins Gebiet der Thaumatropie gehören, beruhen auf der Erfahrung, dass jede Empfindung eines Lichteindrucks bei mässiger Stärke des Lichtes etwa noch eine Viertelsecunde fortdauert, nachdem die ihn erzeugende Ursache bereits aufgehört hat. Unser Auge kann daher nur 4 verschiedene Lichteindrücke in der Secunde, d. h. 240 in der Minute von einander unterscheiden, und Lichteindrücke, welche schneller auf einander folgen, decken sich im Auge und wir verlieren jedes Urtheil darüber. Daraus folgt, dass wir von den 150 Buchstaben, welche man in einer Minute in Worten deutlich auszusprechen vermag, aus physischen Gründen noch nicht den 6. Theil zu sehen im Stande ist. Wenn wir sie aber nicht sehen können, so sind sie ein Luxus, der nur bei der rein mechanischen Currentschrift begreiflich bleibt. Wollte man dagegen einwenden, dass wir beim Lesen eben nicht nöthig haben, jeden Buchstaben wirklich zu sehen, weil wir nicht Buchstaben, sondern Wortbilder lesen, so wäre damit einmal nur zugestanden, dass wir eben alle Buchstaben zu sehen nicht nöthig haben, und viele derselben nichts als Luxus sind, und fürs Zweite hätte man dadurch auf einen neuen Vorzug der Stenografie vor der Currentschrift hingewiesen; denn nur die stenografischen Schriftzeichen sind so schreibflüchtig und verbindungsfähig, dass sie zu Wortbildern mit einander verschmelzen, während die Currentschrift nichts weiter thun kann, als Buchstaben für Buchstaben mechanisch aneinander zu reihen. Kurz durch die vorstehenden Schlüsse ist mathematisch bewiesen, dass wir mindestens ebensoviel mit dem Verstande als mit den Augen lesen, und dass es nichts als Täuschung ist, wenn man glaubt, dass man Buchstaben für Buchstaben schreiben müsse, um das buchstäbliche Wiederlesen zu verbürgen. Auch folgende Betrachtungen liefern den Beweis, dass die Stenografie, wenn sie nicht jeden Buchstaben schreibt, dadurch an ihrer Deutlichkeit nichts verliert, sondern, dass ihre Kürzungen an Wort und Satz in Principien ihren Grund haben, welche aus der Natur der Sache hergenommen sind. Wem ist es nicht wiederholt vorgekommen, dass er beim Lesen bis ans Ende einer Seite gekommen und ohne umzuschlagen, noch ein paar Worte gelesen hat, welche auf der andern Seite standen? Man versuche in einem fehlerhaften Schriftstücke, während man dasselbe laut durchliest, die Fehler anzuzeigen, und man wird, wenn man es nachher genau durchsieht, mit Erstaunen wahrnehmen, wie viel Fehler übersehen sind, trotzdem man beim ersten Male jedes Wort richtig gesprochen hat. Oder man denke sich einen gebildeten Zuhörer und einen ungeübten Vorleser, so wird jener, ohne ins Buch zu sehen, im Stande sein, die meisten Fehler, welche beim Lesen gemacht werden, ohne Schwierigkeit zu corrigiren, und wer einen Vortrag hört, aber zu weit entfernt ist, als dass er Sylbe für Sylbe und Wort für Wort verstehen könnte, der wird trotzdem, wenn ihm eben nicht zu viel verloren geht, den ganzen Vortrag Wort für Wort ergänzen können. Der gebildete Zuhörer ist also im Stande, entweder aus dem logischen Zusammenhange eines oder mehrerer Sätze oder aus einzelnen gehörten Lauten lange Wörter, zuweilen sogar ganze Sätze zu erkennen. Diese Fertigkeit ist oft bewundernswerth und hängt ab, einmal vom Bildungsstande des Zuhörers, dann von seiner grössern oder geringern Bekanntschaft mit dem Inhalte des Vorgelesenen oder Vorgetragenen und endlich von der erlangten Uebung. Fassen wir zum Schlusse die gefundenen Resultate zusammen, so können wir einmal alle die Buchstaben, welche man in einer Minute in Worten deutlich auszusprechen vermag, in derselben Zeit nicht sehen, und zum andern ist es nicht nöthig, dass ein denkender Zuhörer alle Wörter und Sylben eines Vortrags wirklich vernimmt, wenn er in Stand gesetzt werden soll, den ganzen Vortrag wortgetreu aufzufassen. Daher ist das buchstäbliche Schreiben aller einzelnen Lautzeichen

nichts weiter als ein Luxus der gedankenlosen und rein mechanischen Currentschrift, und die Stenografie, wenn sie nicht, gleich
der Currentschrift, ein bloser Mechanismus bleiben wollte, ist
nicht nur berechtigt, sondern verpflichtet, das buchstäbliche Schreiben jedes Lautzeichens aufzugeben, d. h. es ist naturgemäss, wenn
Gabelsberger als Grundprincip seiner Schrift die Forderung stellt,
dass nur das geschrieben werde, was unbedingt nothwendig ist,
um das wortgetreue Wiederlesen zu verbürgen. Wie wenig dies
aber sei, davon haben alle Diejenigen keine Vorstellung, welchen
Gabelsbergers Satzkürzung unbekannt ist."

Endlich fällt der in den Motiven [48]) der hohen Staatsregierung zu
§. 7 des Decrets den Entwurf eines Gesetzes über die Befugniss
zur Aufnahme von Protokollen u. s. w. betreffend, angeführte
Grund gegen die Verwendung der Stenografie bei der Protokollaufnahme, „weil die nur dem Eingeweihten verständliche stenografische Niederschrift selbst ein Protokoll nicht darstellt, und die
Uebersetzung in Currentschrift eben nicht das aufgenommene Protokoll ist, deshalb aber mittelst der Stenografie ein Protokoll
im technischen Sinne des Wortes überhaupt nicht gewonnen werden kann", ganz abgesehen davon, ob es richtig ist, dass ein
stenografirtes Protokoll kein Protokoll sei, von selbst weg, sobald
den Gerichtsbeamten die Kenntniss und Uebung der Stenografie
zur Pflicht gemacht wird und die Stenografie überhaupt, wozu
alle Hoffnung vorhanden ist [49]), immer mehr ins Leben eindringt,
und somit fällt dann auch das weitere eben dort geäusserte Bedenken, „dass der Gewinn an Zeit, welcher durch die Schnelligkeit der
Niederschrift mit stenografischen Zeichen erzielt wird, durch die
spätere Nothwendigkeit der Uebertragung in Currentschrift wieder
verloren gehe".

Am Schlusse unserer Betrachtungen angelangt, fühlen wir
zwar selbst, dass wir den Gegenstand nicht erschöpften, glauben
aber doch durch unsere Arbeit einiges neue Material für die Erledigung dieser wichtigen Frage geliefert zu haben und leben der
Hoffnung, dass die Zeit nicht mehr fern ist, wo die Stenografie in
den Gerichtssälen und den Bureaux der Sachwalter vollkommen
heimisch geworden sein wird.

---

48) Landtagsacten 1. Abtheil., S. 207 und S. 12 dieser Schrift.

49) Schon jetzt ist die Kenntniss der Gabelsbergerschen Stenografie
unter den sächsischen Juristen, namentlich auch unter den Gerichtsbeamten ziemlich verbreitet und bereits im vorigen Jahre war das Königl.
stenografische Institut im Stande, dem Königl. Justizministerium gegen
180 der Stenografie kundige Gerichtsbeamte namhaft zu machen, und
ausserdem würde die Ausbildung der erforderlichen Kräfte durch die
Mitglieder des Königl. stenografischen Instituts binnen Jahresfrist erfol-
gen können.

Stenographische Schriften,

welche durch jede Buchhandlung zu beziehen sind.

~~~~~~

Bei **Carl Adler** in D r e s d e n ist erschienen

Die Stenographie als Unterrichtsgegenstand. Ein Beitrag zur Lösung der
Frage: O b und nach welchem Systeme die Stenographie in
Schulen zu lehren sei. Von **Hugo Häpe**, geb. Regierungsrath und
commiss. Vorstand des Königl. stenogr. Instituts zu Dresden. Mit 32 von
Prof. Heinrich Rätzsch autogr. Tafeln. 14 Bog. gr. 8. 1863. Geh.
Preis: 1 Thlr.

Im Verlage des Unterzeichneten sind erschienen:

Kurzer Lehrgang der Stenographie nach F. X. Gabelsberger's System. Von **Heinrich Rätzsch**, weil. Königl. Professor der Stenographie, Mitglied des
Königl. Sächs. stenograph. Instituts, etc. Z e h n t e A u f l a g e. 1867.
4 Bog. Text in 8. nebst 48 stenograph. Tafeln, geh. Preis: 10 Ngr.

Anleitung zum Gebrauche des Kurzen Lehrgangs der Stenographie nach F. X.
Gabelsberger's System von Heinrich Rätzsch beim Selbstunterricht. Heraus-
geg. vom Königl. Sächs. stenograph. Institute. Zum Besten der Rätzsch-
Stiftung. 1865. 8. Preis: 2 Ngr.

Lehrbuch der deutschen Stenographie nach F. X. Gabelsberger's System. Mit
Genehmigung des Königl. Sächsischen Ministeriums des Innern verfasst
von **Heinrich Rätzsch**, weil. Königl. Professor der Stenographie, Mitglied
des Königl. Sächs. stenograph. Instituts I. Kl., etc. •Nach des Verfas-
sers Tode herausgeg. vom **Königl. stenograph. Institute** in Dresden. Mit
80 stenogr. Tafeln. Text 12 Bogen gr. 8. nebst 3 Bogen „Schreibübun-
gen". S i e b e n t e, d u r c h g e s e h e n e A u f l a g e. 1866. Geh. Preis:
1¼ Thlr. Hierzu:

**Stenographische Uebertragung der Schreib-Uebungen im Lehrbuch der deutschen
Stenographie** von Prof. Heinrich Rätzsch. Herausgeg. vom Königl. stenograph. Institute in Dresden. D r i t t e A u f l a g e. 1865. 3⅜ Bog. in gr. 8.
geb. Preis: 10 Ngr.

Lesebuch zum kurzgefassten Lehrbuch (Preisschrift) der Gabelsberger'schen
Stenographie. Nach den Beschlüssen der stenogr. Commission zu Dresden herausgeg. vom Königl. Sächs. stenograph. Institute. D r e i u n d z w a n -
z i g s t e A u f l a g e. 1867. 6⅛ Bg. gr. 8. geb. Preis: 15 Ngr.

Stenographische Vorlegeblätter nach Gabelsberger's System von Prof. Heinrich
Rätzsch. Herausgeg. vom Königl. Sächs. sten. Instit. XVI Blätter nebst
einem Schreibhefte in Carton. A c h t e A u f l a g e. 1865. 8. Preis:
8 Ngr. — S c h r e i b h e f t e einzeln à 2½ Ngr.

Stenographen-Lieder. Herausgeg. vom Königl. Sächs. stenograph. Institute.
Gesammelt und redigirt von Prof. Dr. Heyde und Dr. Zeibig. I. u. II.
Heft. 2. Aufl. III. u. IV. Heft. 1863. Jedes Doppelheft (à 3 Bog.
8. geh.) 7½ Ngr.

Nuova Stenografia Italiana od il sistema di Gabelsberger adattato alla lin-
gua italiana dal Sign. Antonio Leinner. Esaminato et autografato dal
Dre. Giulio Zeibig. S e c o n d a s t a m p a i n a l t e r a t a. 1858. 3⅜ Bg. gr. 8.
geb. Preis: 20 Ngr.

Stenografia italiana secondo il sistema di Gabelsberger. Esposta da Enrico Noë, Professore ginnasiale a Spalato. Con 40 Tavole autografate dal Professore Rützsch. 1863. Zus. 7¼ Bog. 8. geh. Preis: 15 Ngr.

Echo. Jahrbuch der Gabelsberger'schen Stenographie. Redigirt und herausgeg. von Prof. Dr. Georg Moritz Heyde, Mitglied des Königl. Sächs. stenograph. Instituts I. Kl, etc. I. Band. 1863. 23½ Bog. in Lexicon-Octav nebst einer autograph. Tafel, geh. Preis: 1 Thlr. 18 Ngr. Ist auch in 4 Lieferungen à 12 Ngr. zu haben

Bericht über die bei der feierlichen Sitzung der allgemeinen Versammlung Gabelsberger'scher Stenographen am 3. August 1857 zu Dresden gehaltenen Vorträge, herausgeg. vom Königl. Sächs. stenograph. Institute zu Dresden. Autographie vom Prof. Heinrich Rützsch. 1857. 3½ Bog. 8. geh. Preis: 10 Ngr.

Gabelsberger und Stolze, oder: Was muss jeder Gebildete über Stenographie wissen und nach welchem Systeme soll man dieselbe erlernen? Von F. G. Wagner, Lehrer in Dresden. Nebst 2 lithogr. Beilagen. 1852. 2½ Bog. gr. 8. geh. Preis: 6 Ngr.

Taschenbuch für Gabelsberger-Stenographen für 1867. (Neue Folge [10. Jahrg.] des Gabelsberger-Stenographen-Kalenders.) Herausgegeben und verlegt vom Königl. Sächs. stenograph. Institute. Redigirt von Dr. Emil Bierey. Mit dem Portrait des Senator Dr. K. Eggers. Geb. Preis: 15 Ngr.

Karte des stenographirenden Deutschland und der Schweiz. (Beilage zu dem Taschenbuch für Gabelsberger-Stenographen.) Entworfen von Dr. Emil Bierey, Mitglied des Königl. stenogr. Instituts zu Dresden. 1863. In Carton-Umschlag. Preis: 12½ Ngr.

Vom Königl. stenograph. Institute wurden ferner herausgegeben und sind durch den Unterzeichneten zu beziehen:

Bericht über die Versammlung der Gabelsb. Stenogr.-Vereine des Königr. Sachsen, zu Dresden, vom 26. Aug. 1860. Typendruck nach den stenogr. Niederschriften. 4⅛ Bg. gr. 8. geh. Preis: 5 Ngr.

Album der ersten Generalversammlung der Gab. Stenogr.-Vereine des Königr. Sachsen, zu Dresden, am 26. Aug. 1860. Autographie der Theilnehmer. 1⅝ Bg. gr. 8. geh. 5 Ngr.

Stenography or Universal European Shorthand (on Gabelsberger's Principles). Adapted to the English Language, by A. Geiger. 1860. 3¼ Bog. gr. 8. geh. Preis: 12 Ngr.

Kurzgefasste Anleitung zur französischen Stenographie nach Gabelsberger's System von A. Geiger. Autogr. von Prof. H. Rützsch. ¼ Bg. gr. 8. Text und 4 S. stenograph. Beisp. 1860. Preis: 3 Ngr.

Katalog der Bibliothek des Königl. stenograph. Instituts zu Dresden, nebst dem Regulative über die Benutzung derselben. Zweite (Jubiläums-) Auflage. 1864. 5¼ Bg. in gr. 8. geh. Preis: 7½ Ngr.

Correspondenzblatt des Königl. stenograph. Instituts zu Dresden, redigirt von Prof. Dr. Heyde. Monatlich 1½ Bg. in 4. Preis für den Jahrgang: ⅚ Thlr.

Dresden, im Juli 1867.

Gustav Dietze.